Melina Zernig

Krank durch Langeweile?

Symptome, Therapie und Prävention bei einem Boreout

Bibliografische Information der Deutschen Nationalbibliothek:

Die Deutsche Nationalbibliothek verzeichnet diese Publikation in der Deutschen Nationalbibliografie; detaillierte bibliografische Daten sind im Internet über http://dnb.d-nb.de abrufbar.

Impressum:

Copyright © Studylab

Ein Imprint der Open Publishing GmbH

Druck und Bindung: Books on Demand GmbH, Norderstedt, Germany

Coverbild: Open Publishing | Freepik.com | Flaticon.com | ei8htz

Inhaltsverzeichnis

Abstract / Zusammenfassung

Ausgehend vom Standardwerk zum Thema Boreout von Rothlin & Werder „Unterfordert, Diagnose Boreout – Wenn Langeweile krank macht" wird das Phänomen Boreout beschrieben. Es wird dargestellt als ein Syndrom aus Langeweile, Desinteresse und Sinnlosigkeit, das sich aus einer quantitativen und qualitativen Unterforderung entwickeln kann. Unter Nutzung aktueller Sekundärliteratur werden die individuellen und betrieblichen Auswirkungen beschrieben. Diese Auswirkungen vermeiden zu helfen, ist Ziel der Suche nach Ansätzen für Heilung und Prävention durch die Betroffenen selbst, aber auch durch die Unternehmen. Scheinlösungen werden entlarvt und stattdessen wird zur entschiedenen Wahrnehmung der Eigenverantwortung aufgefordert. Hierfür werden verschiedene Handlungsweisen vorgeschlagen und Unterstützungsangebote erörtert. Für die betriebliche Prävention werden Vorschläge unterbreitet, die die Unternehmenskultur positiv beeinflussen und für Boreout-Sensibilität sorgen. Boreout ist kein unabwendbares Schicksal, weder für den Mitarbeiter, noch für das Unternehmen, sondern eine Herausforderung zum präventiven Handeln und dafür gibt es eine Fülle von praxis-tauglichen Möglichkeiten, sogar für kleine Unternehmen.

Abbildungsverzeichnis

1 Einleitung

„Muss es nicht Burnout heißen?" „Nein, es ist kein Schreibfehler. Es muss tatsächlich ‚Boreout' heißen und nicht ‚Burnout'." Ein kurzer Dialog wie dieser ist durchaus nach wie vor fast überall denkbar. Der Begriff ‚Boreout' ist keineswegs allgemein bekannt und in wissenschaftlichen Abhandlungen taucht der Begriff bislang eher selten auf. Dass es sich dabei um eine Form von psychischer Erkrankung am Arbeitsplatz handeln kann, die durchaus auf einer Ebene mit Burnout, Mobbing oder einschlägigen Berufskrankheiten, wie z.B. Haltungsschäden gesehen werden kann, ist für viele neu. Erstaunlicherweise taucht weder bei der Internationalen Arbeitsorganisation (ILO), noch bei der Weltgesundheitsorganisation (WHO) der Boreout als Krankheitsbild auf.[1] Ebensowenig besteht allgemein eine Vorstellung davon, welche Auswirkungen Boreout beim Betroffenen[2] haben kann, aber nicht nur bei ihm, sondern mittelbar auch in seinem beruflichen und privaten Umfeld. Weil Boreout immer im Zusammenhang mit einer beruflichen Tätigkeit steht, sind zwangsläufig auch Vorgesetzte und Arbeitgeber zumindest mittelbar Betroffene. Die wirtschaftlichen Schäden für die Unternehmen sind nur schwer zu ermitteln, aber sie sind unbestritten immens.

Mit vorliegender Arbeit soll das Phänomen ‚Boreout' in seinen vielfältigen Erscheinungsformen beschrieben, Konsequenzen aufgezeigt und nach Ansätzen zur Prävention gesucht werden. Dabei sollen sowohl die Perspektive des Arbeitnehmers, aber auch die des Arbeitgebers Beachtung finden.

Ausgehend von einer Begriffsklärung ‚Boreout' wird eine Abgrenzung zum bekannten ‚Burnout' vorgenommen. Im darauffolgenden Kapitel werden Symptome des Syndroms beschrieben, die auf ein Krankheitsbild Boreout hinweisen können. Betroffene müssen ihre Situation bewältigen und entwickeln Strategien, die mehr oder weniger als Täuschungsmanöver anzusehen sind. Diese Strategien werden vorgestellt und ihr Bezug zur betrieblichen Praxis hergestellt. Dabei wird auch dargelegt, dass diese Strategien lediglich Scheinlösungen für das Problem sein können. Langeweile spielt beim Boreout-Syndrom eine wichtige

---

[1] Vgl. Prammer, E. (2013), S. 13f.

[2] „Aus Gründen der besseren Lesbarkeit wird auf die gleichzeitige Verwendung männlicher und weiblicher Sprachformen verzichtet. Sämtliche Personenbezeichnungen gelten gleichwohl für beiderlei Geschlecht."

Rolle, letztlich geht es um Zeitnutzungsoptionen. Ein eigenes kurzes Kapitel beschäftigt sich deshalb mit der Zeit als Kategorie. Mit individuellen Bewältigungsformen des Boreout jenseits der Strategien beschäftigt sich das anschließende Kapitel. Dabei wird deutlich, dass die ‚Innere Kündigung‘ eine weit verbreitete Form der Bewältigung ist. Ihr wird aufgrund ihrer Relevanz für den Boreout ein umfangreiches Kapitel gewidmet und darin mehrere Ursachen erörtert. In der Folge einer ‚Inneren Kündigung‘ kommt es oft zu paradoxen Verhaltensweisen, die fast schon skurrile Züge annehmen können und als wirkliche Problemlösungen nicht geeignet sind. Boreout hat nicht nur für den betroffenen Mitarbeiter Konsequenzen, sondern auch für die Betriebe und in beträchtlichem Ausmaß auch für die Volkswirtschaft. Das entsprechende Kapitel will nicht nur Zahlenmaterial liefern, sondern auch mit Hilfe einer Typologie einen Beitrag zur Identifizierung von Boreout-Erkrankten leisten.

Welche Möglichkeiten der individuellen Prävention gibt es? Danach fragt ein weiterer Abschnitt der Arbeit und bietet unter anderen die Wahrnehmung von Eigenverantwortung, 'Qualitativen Lohn‘ und Coaching für Betroffene als Handlungsmöglichkeiten an. Ein anschließender Perspektivwechsel sucht nach Präventionsmöglichkeiten auf Seiten der Betriebe, wie Kontrolle und eine mitarbeiterorientierte Unternehmenskultur. Dabei werden Führungsstile, aber auch inkompetentes Führungsverhalten betrachtet. Coaching des Unternehmens, ein ‚Achtsames Prozessmanagement‘, vor allem aber die Betriebliche Gesundheitsförderung werden als weitere Präventivmaßnahmen dargestellt. Hierbei wird verdeutlicht, dass Präventivmaßnahmen auch von Klein- und Kleinstbetreiben ergriffen werden können. Ein kleines Kapitel widmet sich schließlich der Kritik am Boreout und mündet in die Frage, ob Boreout in der Psychologie tatsächlich ein neues Konzept oder bereits etabliert ist. Ein Ausblick auf notwendige weitere Forschungen und ein Fazit runden die Arbeit ab.

2 Begriffsklärung

Der Begriff ‚Boreout' ist zurückzuführen auf das englische Wort für Langeweile (boredom) und in der Kombination mit dem englischen Wort ‚out' entsteht eine Analogie zu dem bekannten Begriff ‚Burnout'. Der Begriff wurde von Peter Werder und Philippe Rothlin entwickelt und erstmals 2007 in deren Buch ‚Diagnose Boreout' veröffentlicht. Etwas sperrig ließe er sich auch mit ‚ausgelangweilt sein' übersetzen. Die Begriffe ‚Boreout' und ‚Boreout-Syndrom' werden oft synonym verwandt und wollen einen Zustand von Unterforderung im Arbeitsleben beschreiben.[3]

Werder und Rothlin beschreiben den Boreout mit den drei Elementen Langeweile, Unterforderung und Desinteresse in Verknüpfung mit Verhaltensstrategien des Arbeitnehmers.

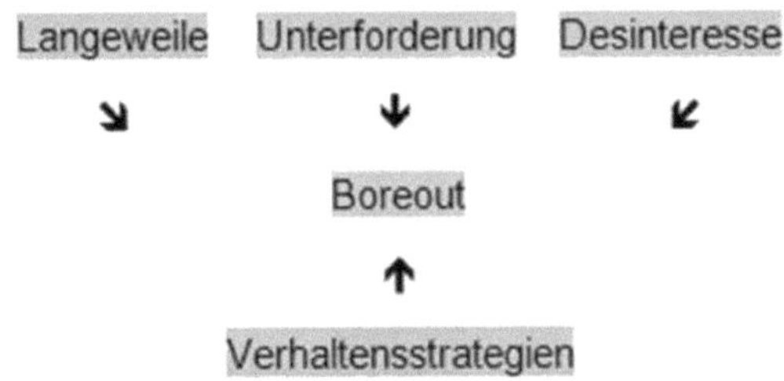

Abbildung 1: Die drei Elemente des Boreout
Quelle: In Anlehnung an: Rothlin, P. & Werder, P. R. (2014), S.19.

Langeweile beschreiben sie als Lustlosigkeit, die begründet ist in einem Zustand von Ratlosigkeit aufgrund fehlender Arbeit. Der Eindruck, mehr leisten zu können als abverlangt wird, führt zu einem Gefühl der Unterforderung. Desinteresse entsteht, wenn sich der Arbeitnehmer nicht mit seiner Arbeit identifizieren kann. Betrachten wir die einzelnen Elemente etwas genauer:

Langeweile hat zunächst eine zeitliche Dimension. Es ist eine Zeitspanne verbunden mit dem Gefühl von Leere. Es gibt nichts Sinnhaftes zu tun und es fehlen Leidenschaft und Elan. Das kennen wir auch im privaten Bereich.

---

[3] Vgl. Rothlin, P. & Werder, P. R. (2014), S. 19.
Anm. d. V. Rothlin, P. & Werder, P. R. (2007): Diagnose Boreout. Warum Unterforderung im Job krank macht. Philippe Rothlin ist in einem internationalen Bankenkonzern tätig. Peter Werder ist Leiter der Kommunikation in einem Konzern des Gesundheitswesens.

Eigentlich könnte die Freizeit zu sportlichen Aktivitäten genutzt werden oder aber der Familie zu Verfügung gestellt werden. Stattdessen wird vielleicht eine Fernsehserie geschaut, bei der es sich eigentlich nicht lohnt, nach der ersten Episode noch weiter zu schauen. Vielfältige Ausdrucksformen von Langeweile sind denkbar. Immerhin kann man in seiner Freizeit auch mehr oder weniger frei entscheiden, wie man sie gestaltet. Diese Freiheit gibt es am Arbeitsplatz nicht. Für den Lohn wird Arbeit erwartet. Wenn es die aber, aus welchen Gründen auch immer, nicht gibt, entsteht für den Arbeitnehmer eine sehr schwierige Situation, die krisenhafte Züge annehmen kann. Computerspiele, Surfen im Internet, privates Nutzen des Smartphones und andere Ablenkungen verlieren irgendwann auch ihren Reiz und es wird für den Betroffenen immer schwieriger, seine Situation zu verbergen. Langeweile im Betrieb kann Ratlosigkeit oder gar Verzweiflung hervorrufen.[4]

Ein weiteres Element des Boreout ist die Unterforderung. Der Arbeitnehmer spürt, dass er mehr leisten kann, als von ihm aktuell gefordert wird. Diese Unterforderung kann sich in zweifacher Hinsicht darstellen, qualitativ und quantitativ.

Qualitativ meint in diesen Zusammenhang, dass der Arbeitnehmer mit für ihn nicht anspruchsvollen Tätigkeiten befasst ist. Aufgrund seiner Ausbildung, seines Intellektes und seiner Begabungen könnte und wollte er mehr leisten. Weshalb ihm das nicht ermöglicht wird, kann unterschiedliche Ursachen haben. Möglicherweise erledigen Kollegen, die schon länger im Betrieb sind, entsprechende Aufgaben oder sein Vorgesetzter behält sich deren Erledigung selbst vor. Solche Aufgaben können einfach spannender sein, abwechslungsreicher, organisationsintern angesehener und anderes mehr. Sie werden deshalb zur ‚Chefsache'. Die eher einfachen und routinemäßig abzuarbeitenden Aufgaben bleiben beim Untergebenen und unterfordern diesen dauerhaft. Seine Ideen, seine Kreativität und seine innovativen Kompetenzen bleiben auf der Strecke.

Etwas anders stellt sich die quantitative Unterforderung dar. Das Arbeitspensum ist einfach zu gering. Ein gut organisierter, fleißiger und zielstrebiger Mitarbeiter erledigt die ihm übertragenen Arbeiten viel zu schnell und erlebt dann Leerlauf.

---

[4]   Vgl. Rothlin, P. & Werder, P. R. (2014), S. 31.

Es entsteht eine Situation, die es betriebswirtschaftlich eigentlich gar nicht geben dürfte. Abgesehen davon ist es gesellschaftsfähiger, gestresst zu wirken. Die fehlende Arbeit macht den Mitarbeiter auf Dauer unzufrieden und kann ihn in Konflikte mit seinen Kollegen bringen, weil er ‚die Normen hochsetzt' und unbewusst und wahrscheinlich auch ungewollt Druck aufbaut. Ursachen für quantitative Unterforderungen können falsch verteilte oder tatsächlich fehlende Arbeit sein, wie sie beispielsweise aus mangelnden Aufträgen resultiert.

Die dritte Komponente, die für das Entstehen eines Boreout eine Rolle spielt, ist das Desinteresse. Gehen wir zur Erklärung des Begriffs zurück auf den ursprünglichen Sinn des lateinischen Wortes ‚interesse', was ‚mit dabei sein' oder ‚dazwischensein' im Sinne eines 'Mittendrinseins' meint. Ein Arbeitnehmer mit Desinteresse ist eben nicht ‚dabei' und schon gar nicht ‚mittendrin'. Er macht nur seinen Job. Seine Arbeit interessiert ihn nicht, das Produkt interessiert ihn nicht und er identifiziert sich weder mit seiner Arbeit, noch mit seinem Unternehmen. Er käme wohl nie auf den Gedanken, ernsthafte Verbesserungsvorschläge zu unterbreiten oder sich gar in seiner Freizeit noch weiterzubilden. Sein Unverständnis für das Engagement und den Elan seiner Kollegen für die gleiche Arbeit kann ihn in Schwierigkeiten mit seinem Chef und innerhalb des Teams bringen.

Im Zusammenhang mit dem Boreout sollten die drei Elemente nicht getrennt voneinander betrachtet werden, denn sie stehen in einer Wechselwirkung zueinander. Unterforderung führt auf die Dauer zur Langeweile und wer sich langweilt, verfällt irgendwann in Desinteresse. Hierbei ist die Abfolge von Ursache und Wirkung ohne große Bedeutung. Wer desinteressiert ist, langweilt sich irgendwann und fühlt sich unterfordert, weil er eigentlich mehr leisten könnte. All das würde der Umgebung des Arbeitnehmers auf Dauer nicht verborgen bleiben und sein Arbeitsplatz wäre gefährdet. Das wiederum macht es notwendig, bewusst oder unbewusst Verhaltensstrategien zu entwickeln, die ihn schützen.[5]

---

[5] Vgl. Rothlin, P. & Werder, P. R. (2014), S. 20.

3 Abgrenzung Boreout / Burnout

Grob vereinfachend und verkürzend lässt sich ein Burnout als ein „Ausgebranntsein" beschreiben. Präziser ist folgende Definition „Burnout [engl. burn brennen, out aus], ist der Oberbegriff für bestimmte Typen persönlicher Krisen, die mit eher unauffälligen Frühsymptomen beginnen und in völliger Arbeitsunfähigkeit oder im Suizid enden können."[6] Die Deutsche Rentenversicherung hält dazu in einem Positionspapier fest: „Der Begriff „Burnout" wird gegenwärtig kontrovers diskutiert. Das stress-assoziierte Burnout-Syndrom stellt einen Risikofaktor für die Entwicklung körperlicher oder psychischer Erkrankungen dar. Wissenschaftliche Kriterien, die eine eigenständige Burnout-Diagnose begründen liegen derzeit nicht vor."[7]

Im Gegensatz zum Boreout mit Unterforderung als Merkmal, ist das Burnout von Überforderung gekennzeichnet, die meist aus Stress resultiert. Die Folge ist ein „Zustand emotionaler Erschöpfung mit Interessen- und Antriebsarmut sowie dem Gefühl von Überforderung bei reduzierter Leistungszufriedenheit und evtl. Depersonalisation infolge Diskrepanz zwischen Erwartung und Realität. Burnout ist häufig eine Erschöpfungsreaktion bei permanenter Überforderung, häufig auch verbunden mit mangelnder Anerkennung und Mangel an Erholungspausen."[8]

Es ist beobachtbar und dokumentiert, dass Menschen, die zu Beginn ihrer Arbeit begeistert waren und ihre Begabungen einbringen wollten, vom Burnout betroffen waren, weil ihnen eine geeignete Arbeitsumgebung und eine angemessene Anerkennung versagt geblieben sind.[9] Sie durchlaufen eine Entwicklung von Begeisterung über Stagnation und Frustration bis hin zur Apathie.[10] Was dann folgt ist unter anderem ein Zustand von Langeweile, ja Apathie, die in ihrer negativen Auswirkung als das Fehlen von Impulsen beschrieben werden kann. Der Apathie kann der Begriff ‚Flow' gegenübergestellt

---

[6]   Burisch, M. (2017); Internet: https://portal.hogrefe.com/dorsch/burn-out-1/, abgerufen am 30.05.2017.

[7]   Deutsche Rentenversicherung Bund (2014); S. 12.

[8]   Pschyrembel, Stichwort: Burnout-Syndrom (o.J.); Internet:
https://www.pschyrembel.de/Burnout-Syndrom/K04A7/doc/, abgerufen am 30.05.2017.

[9]   Vgl. Pines, A. M., Aronson, E. und Kafry, D. (2000), S. 43.

[10]   Vgl. Edelwich, Brodsky nach Beimrohr (1995), S. 11.

werden. Er meint einen Zustand oder auch ein Erleben, in dem die Person quasi in ihrer Tätigkeit aufgeht. Der Faktor Zeit hat dabei nachrangige Bedeutung.[11]

Eine graphische Darstellung dazu findet sich bei Bolormaa Müller:

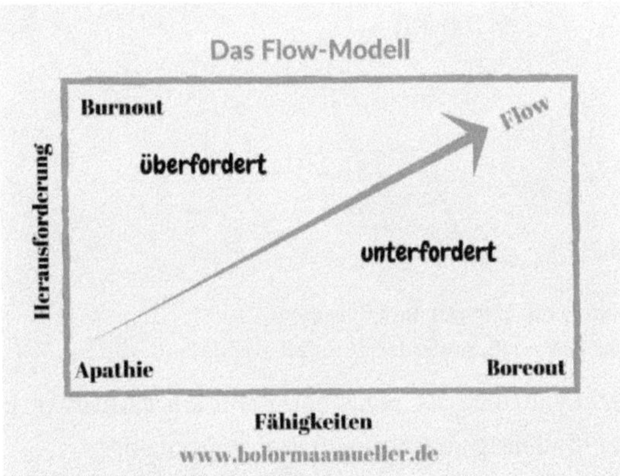

Abbildung 2: Das Flow-Modell
Quelle: Vgl. o.V. (o.J.); Internet: http://bolormaamueller.de/was-dich-gluecklich-macht-das-flow-modell/ abgerufen am 02.06.2017.

Eine präzise Abgrenzung der beiden Syndrome voneinander ist schwierig, weil sich die dazugehörenden Symptome gleichen oder einander zumindest stark ähneln können. Rothlin und Werder vergleichen die beiden krankhaften Erscheinungsformen mit unterschiedlichen Brüdern ein und derselben Familie. Mit Blick auf die Arbeitswelt beschreiben sie Boreout und Burnout als Teil eines Systems bestehend aus einem Chef und seinen Mitarbeitern. Die einen sind gestresst und die anderen gelangweilt. Allerdings bemühen sich die Gelangweilten gestresst zu wirken. Die Folge ist, dass sie noch weniger Arbeit zugeteilt bekommen, die dann den tatsächlich Gestressten zusätzlich aufgebürdet wird. Boreout und Burnout können in einer Abhängigkeit zueinander stehen, wie sie dem Kräftespiel eines Yin und Yang ähnelt.[12]

---

[11] Vgl. Prammer, E. (2013), S. 31f.
[12] Vgl. Rothlin, P. & Werder, P. R. (2014), S. 21 f.

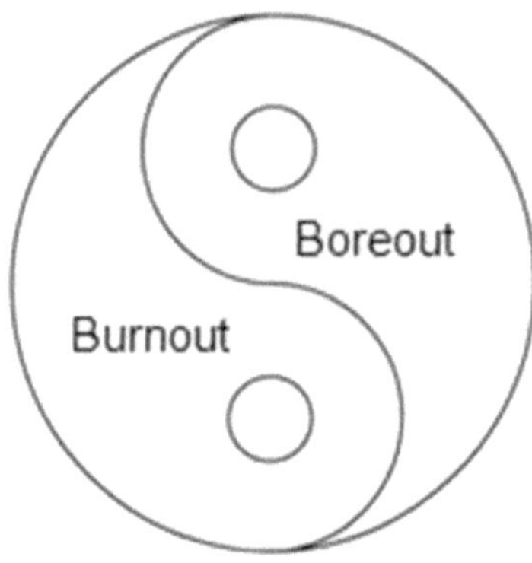

Abbildung 3: Das Verhältnis des Boreout zum Burnout
Quelle: In Anlehnung an: Rothlin, P. & Werder, P. R. (2014), S.22.

Diese Sicht auf die beiden Syndrome ist plausibel, denn sie sind nicht präzise voneinander trennbar oder eindeutig gegeneinander abzugrenzen.

In einem weiteren Versuch einer graphischen Darstellung des Spannungsfeldes zwischen Burnout und Boreout werden die beiden als Niveaus in einem Koordinatensystem mit den Achsen ‚Arbeitsleistung‘ und ‚Zeit‘ gesehen.

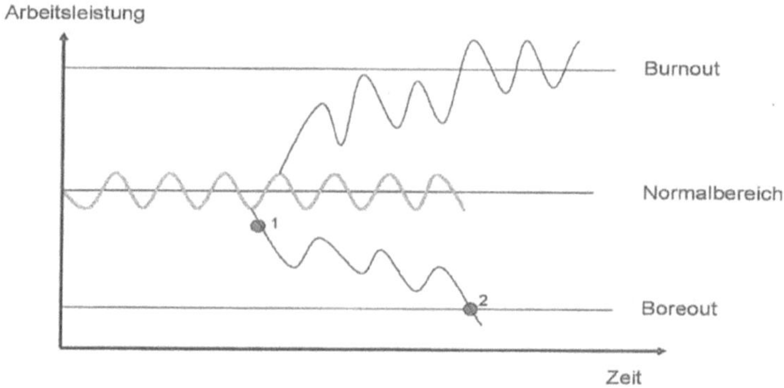

Abbildung 4: Spannungsfeld zwischen Burnout und Boreout
Quelle: In Anlehnung an: Rothlin, P. & Werder, P. R. (2014), S.34

Auf halber Strecke zwischen Boreout und Burnout wird ein Normalbereich angenommen, der einen Idealzustand am Arbeitsplatz darstellt. Die Arbeit ist leistbar, zufriedenstellend, interessant und auch das Umfeld stimmt. Die Kurve im unteren Teil beschreibt die zunächst eher unauffällige Entwicklung des Boreout bis zu seinem Endstadium. Dieser Verlauf ist sehr individuell, er kann sich schleichend, aber auch schnell entwickeln.[13]

---

[13] Vgl. Rothlin, P. & Werder, P. R. (2014), S. 35 f.

4 Symptomatik

Betroffene empfinden psychische und physische Auswirkungen. Sie fühlen sich minderwertig und inkompetent und beschreiben einen Verlust an Selbstbewusstsein. Auch nach einem inaktiven Arbeitstag haben diese Personen abends keine Energie mehr für eine aktive Freizeitgestaltung und fühlen sich erschöpft. Selbstzweifel und Angstzustände können auftreten und Zweifel daran, jemals wieder in einer normalen Job-Situation zurechtzukommen, in der die zu leistende Arbeit und die dafür zur Verfügung stehende Zeit in einem vernünftigen Verhältnis zueinander stehen. Auch sagen vom Boreout Betroffene, ihre schlechte Laune übertrage sich bis in ihr Privatleben hinein. [14] Sicherlich spielt dabei auch Scham vor den Kollegen und im privaten Umfeld eine Rolle. Nach Wolfgang Merkle ist der Boreout weniger eine Diagnose, sondern eher ein Zustand permanenter Langeweile, der allerdings nicht mehr länger belächelt werden sollte. Zu den Symptomen gehören auch Tinitus, Rückenschmerzen, Kopfschmerzen, nervöser Magen, Schwindel, Reizdarm, Schlafstörungen und Depressionen.[15]

Rothlin und Werder haben einen Fragenkatalog entwickelt, der eine Eigentestung ermöglicht, ob man vom Boreout betroffen, oder zumindest gefährdet ist, in ihn hineinzurutschen. Sie fragen danach, ob während der Arbeit private Dinge erledigt werden, ob private E-Mails an Kollegen verschickt würden und ob man sich unterfordert und gelangweilt fühle und Arbeiten nur vorgetäuscht würde. Auch fragen sie, ob sich nach einem stressfreien Tag abends Müdigkeit und Erschöpfung zeigen. Liegt ein Empfinden von Unglücklichsein mit der eigenen Arbeit vor und wird ihr Sinn oder ihre tiefere Bedeutung vermisst? Ließe sich die Arbeit schneller erledigen? Verhindert die Furcht vor monetären Einbußen einen Wechsel der Arbeitsstelle, obwohl lieber etwas Anderes gearbeitet werden würde? Und schließlich wird noch danach gefragt, ob die Arbeit wenig oder gar nicht interessiere. Bei vier positiven Antworten und mehrmaligen Wiederholungen in einem Monat liegt ein Boreout bereits vor oder der Arbeitnehmer ist in einer Entwicklung auf ihn zu.

---

[14] Vgl. Prammer, E. (2013), S. 21f.

[15] Vgl. Merkle. W. (2017); Internet: https://www.xing.com/news/klartext/bore-out-darf-nicht-langer-belachelt-werden-566, abgerufen am 05.06.2017.

Hier geht es um eine Entwicklung mit krankhaften Zügen. Tür- und Angelgespräche, ein kurzer Austausch im Treppenhaus oder auch die Delle in der Leistungskurve nach dem Mittagessen sind keine Merkmale eines Boreout. Gleiches gilt für immer wiederkehrende Aufgaben ohne hohen Anspruch, die schnell und routinemäßig abgearbeitet werden können. Solche Tätigkeiten fallen auf den meisten Arbeitsplätzen an, ohne dass dies zu einer chronischen Unterforderung führt. Genauso wenig führt es zu chronischem Desinteresse, wenn gelegentlich Arbeiten zu erledigen sind, die den Ausführenden nicht interessieren. Problematisch wird all das erst dann, wenn es sich zu einem Dauerzustand entwickelt.[16]

Von außen betrachtet kann dieser eigentlich von niemandem wirklich gewollte Dauerzustand als Faulheit missdeutet werden. Die beobachtbaren Symptome ähneln sich, doch beim Boreout handelt es sich um andere Ursachen und auch die Ausprägung ist eine andere als bei der Faulheit. Gemeinsam ist beiden, dass sie Strategien zur Folge haben, die Auslastung vortäuschen und zusätzliche Arbeit vermeiden wollen. Von Natur aus faule Menschen scheuen Aufwand und Arbeit grundsätzlich. Bei Boreout und Faulheit unterscheiden sich aber Ursache und Wirkung.[17] Rothlin und Werder bringen das in einer These auf den Punkt: „Arbeitnehmer, die an Boreout leiden, sind faul gemacht worden."[18] Das ist durchaus auch als eine Mobbing-Konsequenz denkbar, die durch einen Vorgesetzten absichtlich herbeigeführt wird. Ignorieren des Untergebenen, Übergehen bei der Verteilung von Arbeit, Fordern von Ergebnissen in unrealistisch schmalen Zeitfenstern (Überforderung) und auch die Anordnung stupider Ablage- und Archivarbeiten sind hier denkbare wählbare Methoden. Eine andere Möglichkeit ist, notwendige Strukturanpassungen zu verweigern, eben ‚alles beim Alten' zu belassen und damit den Untergebenen schließlich in den Boreout zu mobben.[19]

---

16 Vgl. Rothlin, P. & Werder, P. R. (2014), S. 16 f.
17 Vgl. Rothlin, P. & Werder, P. R. (2014), S. 37 f.
18 Rothlin, P. & Werder, P. R. (2014), S. 38.
19 Vgl. Rothlin, P. & Werder, P. R. (2014), S. 38 .

5 Coping - Strategien

Unabhängig davon, wie es zu seinem Boreout kam, muss der Betroffene zwangsläufig Strategien entwickeln, ihn zu verbergen, um einen eventuellen Jobverlust zu vermeiden. Es geht ihm auch um Arbeitsvermeidung und das Generieren zusätzlicher freier Zeit am Arbeitsplatz zu privaten Nutzung. Hier nun eine Auswahl solcher Strategien:[20]

Die Dokumentenstrategie

Der Arbeitnehmer nutzt seinen PC für persönliche Zwecke, surft oder regelt Privatangelegenheiten. Er legt Akten vor sich oder zumindest in Reichweite, um beim Auftauchen eines Vorgesetzten deren Bearbeitung vorzutäuschen. Ein Klick ändert die Bildschirmansicht von privat auf dienstlich und macht den Arbeitnehmer unverdächtig.

Die Pseudo-Commitment-Strategie

Mit ihr wird versucht durch frühes Kommen und spätes Gehen den Eindruck von hoher Arbeitsauslastung und Identifikation mit dem Unternehmen zu erwecken. Außenstehende schließen von der außergewöhnlich langen Präsenz auf ein immenses Arbeitspensum.

Die Komprimierungsstrategie

Durch schnelle, konzentrierte und effiziente Abarbeitung eines Auftrages kann der dafür zur Verfügung gestellte Zeitrahmen deutlich unterschritten werden. Der Auftrag ist schneller erfüllt als erwartet, was jedoch nicht kommuniziert wird. Auf diese Weise entsteht freie Zeit zur eigenen Nutzung, ohne dass es auffällt. Sollte überraschenderweise der Erfüllungstermin vorverlegt werden, stellt das den Arbeitnehmer vor keine Probleme, denn er kann das fertige Arbeitsergebnis früher präsentieren und sich als fleißigen und zielorientierten Mitarbeiter darstellen.

Die Flachwalzstrategie

Mit dieser Strategie wird die Dauer der Bearbeitung bewusst verlangsamt und hinausgezögert, allerdings bei Einhaltung des vorgegebenen Abgabetermins. Auf

---

[20] Vgl. Rothlin, P. & Werder, P. R. (2014), S. 47 ff.

dem Weg dorthin entstehen immer wieder kleinere Zeitfenster zur privaten oder anderweitigen Nutzung. Voraussetzung für die Anwendung dieser Strategie ist allerdings, dass von vorneherein vom Vorgesetzten mehr als genug Zeit zur Bearbeitung eines Auftrages zur Verfügung gestellt wird.

Die strategische Verhinderung

Planvolle, ja strategische Vorgehensweise des Arbeitnehmers kennzeichnet diese Strategie, deren Ziel es ist, die Erfüllung eines Auftrages oder auch die Abwicklung eines Vorhabens zu verzögern. Die Erledigung wird damit keineswegs grundsätzlich in Frage gestellt, sondern lediglich hinausgeschoben. Ein praktisches Beispiel dafür ist der Versuch einer Kontaktaufnahme mit einem Gesprächspartner, wohlwissend, dass dieser wegen eines Paralleltermins überhaupt nicht erreichbar sein kann. Ein Aufspruch auf dessen Anrufbeantworter beispielsweise belegt die gute Absicht. Die Wahrheit allerdings ist eine andere.

Die Aktenkofferstrategie

Es ist für einen Vorgesetzten schwer oder auch gar nicht kontrollierbar, welche und wieviel Arbeit ein Mitarbeiter mit nach Hause nimmt. Seine Außenansicht ist, dass er in seiner Freizeit und zuhause weiterarbeitet. Tagsüber war es einfach nicht zu schaffen, aber der Firma zuliebe wird es dann eben abends erledigt. Das lässt diese Person außerdem als wichtig erscheinen. Ein anderer Ausdruck für dieses Phänomen ist der ‚Home-Office-Link' (HOL).

Die Kollektiv-Zwang-Strategie

Besonders gefährdet dieser Form ausgeliefert zu sein sind Mitarbeiter in Behörden und behördenähnlich arbeitenden Organisationen. Hierzu sind auch die Verwaltungen mancher Großbetriebe zu zählen. Es besteht ein unausgesprochener, aber gelebter Konsens darüber, möglichst nicht zu viel und nicht zu schnell zu arbeiten. Kommt nun ein neuer Mitarbeiter wird er mit einem informellen und nicht offen kommunizierten Regelwerk konfrontiert. Wenn er nicht in einen Dauerkonflikt mit den etablierten Kollegen geraten will, passt er sich an und tappt damit möglicherweise in die Boreoutfalle.

Die Sitzungsplanungs-Strategie

Geschicktes Terminieren von Sitzungen, Besprechungen, Kundenbesuchen und sonstigen Außenterminen macht eine anschließende Rückkehr in die Firma oder Dienststelle unmöglich oder zumindest wenig sinnvoll. Ein Beispiel: Der Beginn einer Sitzung in der zweiten Tageshälfte berücksichtigt die Anfahrtszeit, die Sitzung selbst und die Abfahrtszeit und wird ganz bewusst so spät in den Mittag gelegt, dass ein nochmaliges Erscheinen am Arbeitsplatz keinen Sinn machen würde. Stattdessen kann nach Hause gefahren werden. Diese Strategie ist auch in einer Ganztagsvariante denkbar. Ein Beginn am Vormittag, eine lange Mittagspause und die anschließende Weiterarbeit werden als Zeitfenster so gelegt, dass weder vorher noch anschließend eine Präsenz in der Firma sinnvoll wären. Bei effizienzorientierter Terminplanung und einem frühen Beginn hätte alles an einem Vormittag erledigt werden können.

Die Spam-Strategie

Anwender dieser Strategie sind Boreout-Betroffene, die nach der Maxime zu handeln scheinen ‚Lieber Quantität, statt Qualität‘. Statt kurz, klar und knapp zu kommunizieren, werden wortreiche Abhandlungen geliefert, die Fleiß und Auslastung des Erstellers suggerieren wollen. Darüber hinaus wird auch nicht zielgerichtet kommuniziert, sondern breit gefächert. Emails erhalten einen umfangreichen Verteiler und etliche Empfänger werden im CC berücksichtigt. Alle nicht wesentlich mit der Materie beschäftigten Empfänger werden beschäftigt, ja belastet. Sie empfinden sich als ‚zugespamt‘. Die Analogie zu nervigen Werbemails ist bei dieser Strategie offenkundig. In der Folge könnte es zu unnötigen Sitzungen mit unnötigen Beteiligten kommen.

Die „I don't give a shit"-Strategie

Dieses Verhaltensmuster passt eigentlich nicht in die Reihe der zuvor dargestellten Strategien, denn sie ist gegen einen Boreout gerichtet und somit eher eine Vermeidungsstrategie. Sie verzichtet auf jedwede Verschleierung des Nicht-Arbeitens. Es wird völlig offen privat am PC gespielt, es werden keine Akten aufgetürmt, es wird während der Arbeitszeit privat telefoniert und anderes mehr. Im Grunde ist es eine Proteststrategie und ein überdeutlicher Hinweis auf die unbefriedigende Arbeitssituation. Und es ist auch ein Aufbegehren gegen die Inkompetenz des Vorgesetzten in seinem Führungsverhalten.

Die Pseudo-Burnout-Strategie

Die Nutzer dieser Variante benötigen schon etwas schauspielerisches Talent, denn sie wollen vermitteln, dass sie unmittelbar vor einem Burnout stehen. Ursache dafür sei die heillose Überlastung, von der jedoch objektiv betrachtet keine Rede sein kann. Der Nachweis der simulierten Überforderung ist sehr schwierig und damit ist diese Strategie auch recht erfolgversprechend und ruft lediglich das Mitleid der Umgebung hervor.

Die Lärmstrategie

Man könnte auch sagen „Viel Lärm um Nichts". Es ist eine wenig intelligente Form, Arbeit vorzutäuschen, denn sie basiert schlicht auf der Erzeugung von Arbeitsgeräuschen, wie beispielsweise das sinnlose Bedienen der PC-Tastatur, das unnötige Schieben einer Schranktür oder das Herumtippen auf einer Rechenmaschine und der geräuschvolle Ausdruck des vermeintlichen Ergebnisses.

All diese Strategien werden nicht nur in Reinform angewendet, sondern sind auch als Mischung vorstellbar, oder aber auch im Wechsel. Offen bleibt zunächst auch, ob die Anwender die Strategien ganz bewusst einsetzen oder vielleicht auch unbewusst. Wie auch immer, letzten Endes sind alle Formen Täuschungen, die zulasten des Arbeitgebers, der Kunden und in letzter Konsequenz auch der Anwender selbst gehen. Schließlich lösen sie deren Problem nicht, sondern verschleiern es nur. Allen Strategien ist gemeinsam, dass es darum geht, Zeit zu handhaben. Zeit muss ‚totgeschlagen' werden oder es gilt, Zeit zu generieren für private Zwecke oder Zeit muss so genutzt werden, dass keine weitere Arbeit aufgebürdet wird.

Im Blick auf den Boreout soll nun etwas näher auf den Begriff ‚Zeit' eingegangen werden, um besser zu verstehen, wie es zu Langeweile am Arbeitsplatz kommt.

6 Zeit

Zeit hilft uns, unseren Alltag zu strukturieren. Sie wird genutzt, gespart und verbraucht. Zeit ist nicht nur objektives Messinstrument, sondern oft auch mit Emotionen verbunden. Glücksmomente vergehen viel zu schnell und Wartezeiten beim Arzt erscheinen endlos. Zeitlicher Leerlauf ist mit dem unangenehmen Gefühl verbunden, die zur Verfügung stehende Zeit nicht adäquat zu nutzen. Erst durch die Einführung von Arbeitsstunden ist Leistungsmessung möglich und kann verglichen werden. Nun kann festgestellt werden, ob Arbeit in einer bestimmten Zeitspanne schnell oder eher langsam erledigt wird. Ein Arbeitnehmer kann ein Gespür dafür bekommen, ob er seine Zeit im erwünschten Ausmaß nutzen kann, oder eben nicht. Die Betrachtung von Zeit ist auch epochen- und kulturabhängig. Heutzutage und in unserer westlichen Welt wird allgemein erwartet, möglichst viel in möglichst kurzer Zeit zu arbeiten. Und diese Haltung gipfelt darin, dass Pausen im Wesentlichen dazu dienen, anschließend wieder besser und schneller arbeiten zu können. In vergangenen Zeiten spielte Muße eine größere Rolle als heute. Sie galt weniger als eine Zeit des Nichtstuns, sondern als Möglichkeit zur inneren Einkehr und um sich Gedanken um Gott und die Welt machen zu können. Mit dem Protestantismus und später im Bürgertum entstand ein anderes Bewusstsein. Unterforderung wurde verteufelt und nur der tätige Mensch könne sich selbst verwirklichen. Selbst in den Klöstern war man der Auffassung, dass Nichtstun eine Gefahr für die Seele sei.[21] Unsere Gesellschaft ist leistungsorientiert und deshalb wundert es nicht, dass sich viele Menschen über Leistung definieren. Das bedeutet aber auch, dass Menschen, die nicht viel leisten können oder wollen keine hohe Akzeptanz haben.

Eine interessante Begrifflichkeit findet sich bei Obrecht. Er unterscheidet zwischen ‚Ereignismenschen' und ‚Uhrzeitmenschen'. Entsprechend differenziert er zwischen aufgabenorientierten und zeitorientierten Handlungsweisen. Die ‚Ereignismenschen' denken und handeln mit Blick auf die Erledigung der anstehenden Aufgabe, während die ‚Uhrzeitmenschen' eher die Dauer der Tätigkeit als Ziel sehen. Analog zu dieser Unterscheidung nennt Obrecht dann die ‚Ereigniszeit' mit zyklischem Verlauf und die ‚Weltzeit' mit linearem praktisch endlosem Verlauf. Will jemand seine Existenz durch Arbeit sichern, bietet er auf dem Arbeitsmarkt einen Teil seiner Lebenszeit an, der Arbeitgeber dagegen kauft

---

[21] Vgl. Prammer, E. (2013), S. 23.

Arbeitszeit und bezahlt diese.[22] Thompson gibt zu bedenken, dass Tätigkeiten unter Zeitnormen ein Arbeiten in Begrenzungen bedeutet, die ein Aufgehen im Tun (flow) verhindern. Im Zusammenhang mit der Betrachtung des Boreout können Unter- und Überforderung nicht ohne den Faktor Zeit gesehen werden. Er ist die Voraussetzung dafür, dass fehlende Zeitintensität empfunden werden kann. Für den Boreout sind verschiedene Konstellationen denkbar in der dieses Gefühl entstehen kann: [23]

a) Einem festen Zeitrahmen entspricht keine ausreichende Auslastung. Nach verrichteter Arbeit kann ein Arbeitnehmer nicht einfach nach Hause gehen, denn er wird schließlich für beispielsweise acht Stunden Arbeit pro Tag bezahlt.

b) Die Anforderung und das zu ihrer Erreichung definierte Zeitfenster ist größer als notwendig. Durch den anschließenden Leerlauf kann Langeweile entstehen.

c) Durch die qualitative Unterscheidung von gut genutzter und schlecht genutzter Zeit kann ebenfalls Langeweile und gewiss auch Unzufriedenheit entstehen. Der Arbeitnehmer möchte eigentlich etwas anderes tun, hat aber keine Wahlmöglichkeit. Er hat das zu tun, was vorgegeben ist.

---

[22] Vgl. Obrecht, A. (2003), S. 27.
[23] Vgl. Prammer, E. (2013), S. 24 ff.

7 Bewältigung

Wird für einen Arbeitnehmer die Situation zunehmend unerträglicher und erfährt er die Auswirkungen des Boreout-Syndroms immer leidvoller, dann wird er nach Formen der Bewältigung suchen. Nachfolgende Grafik zeigt einen typischen Verlauf dieser Suche.

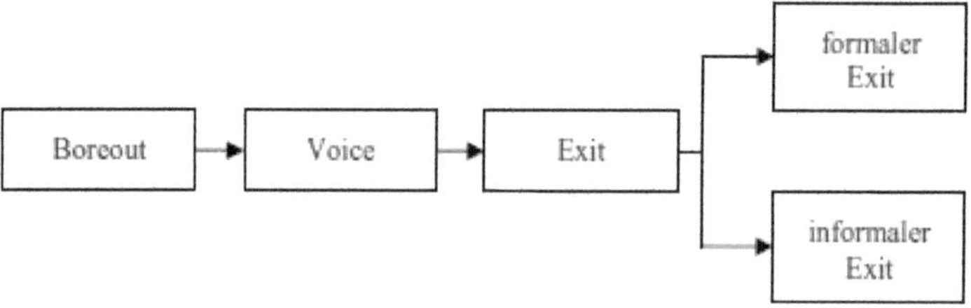

Abbildung 5: Suche nach Formen der Boreout Bewältigung
Quelle: Prammer, E. (2013), S. 39.

Dem Wunsch nach Veränderung, nachdem man den Boreout wahrgenommenem hat, folgt der Versuch diesen zu artikulieren (Voice). Verläuft dieser nicht erfolgreich, wird ein Ausweg gesucht (Exit). Entweder der Betroffene verlässt die Firma, zumindest aber seine Abteilung (formaler Exit) oder er kündigt innerlich (informaler Exit). Für die Phase ‚Voice' lassen sich vier verschiedene Handlungsmuster beschreiben, wie der Boreout artikuliert werden kann: [24]

- aktiv-direkt. Der Boreout-Betroffene schildert offen seinem Vorgesetzten sein Problem

- direkt-inaktiv. Der Boreout-Betroffene vermeidet das offene Gespräch mit seinem Vorgesetzten

- indirekt-aktiv: Freunde werden ins Vertrauen gezogen und ihnen gegenüber das Problem artikuliert

- indirekt-inaktiv: Der Betroffene ergreift Substitutionsmethoden, wie die schon dargestellten Boreout-Strategien

Was als ‚aktiv-direkt' beschrieben wird, ist naheliegend und auf den ersten Blick auch erfolgversprechend. Der Angestellte geht auf seinen Vorgesetzten zu und schildert ihm seine Situation. Je nach Persönlichkeit des Vorgesetzten braucht es

---

[24] Vgl. Pines, A. M., Aronson, E. & Kafry, D. (2000), S.186.

dazu vielleicht etwas Mut, je nachdem welche Reaktion zu erwarten ist. Wird er noch mehr unterfordernde Aufträge erteilen? Wird er sich herausreden oder auch leere Versprechungen machen? Oder kommt es zu einem wirklich konstruktiven Gespräch, das Problem wird angemessen bearbeitet und schließlich auch gelöst. Der Vorteil dieser direkten Kommunikation ist, dass die Chancen auf einen guten Ausgang bei mindestens fünfzig Prozent liegen. Ist der Konflikt erst einmal ‚auf dem Tisch‘, kann er auch bearbeitet werden. Die Energie, die dafür aufgewendet werden muss ist auch nicht größer als die Energie, die es braucht, um den Konflikt zu vermeiden.

Eine Möglichkeit der Vermeidung ist, sich ‚direkt inaktiv‘ zu verhalten und auf ein klärendes Gespräch mit dem Vorgesetzten zu verzichten. Die Erfolgsaussicht dieses Verhaltens liegt bei null Prozent, denn die Boreout-Situation bleibt erhalten und ihre Auswirkungen sind weiterhin virulent. Aber die Gründe für ein solches Verhalten können durchaus gravierend sein. Man stelle sich nur vor, dass ein vorübergehender Arbeitsplatzverlust beispielsweise eine Familie existentiell bedrohen kann, wenn sie aufgenommene Kredite nicht mehr bedienen kann oder auch die Unterstützung der Kinder in deren Ausbildungen nicht mehr leisten kann. Bei aller Sympathie für die direkte Kommunikation ist aber auch eine eventuelle Zurückhaltung seitens des Arbeitnehmers nachvollziehbar. ‚Indirekt aktiv‘ handelt jemand, der seine Freunde mit der eigenen Boreout-Situation konfrontiert. Das ist durchaus sinnvoll, denn es kann dem Betroffenen Druck nehmen, wenn er sich mitteilen kann. Möglicherweise hört er dabei von ähnlich gelagerten Fällen und merkt, dass es ihm nicht nur alleine so ergeht. Allerdings darf es auch im Freundeskreis nicht zum Dauerthema werden, damit diese sich nicht nach und nach zurückziehen. Eine wirksame Lösung ist die ‚Privatisierung‘ des Problems jedenfalls nicht. Letztlich muss der Konflikt dort bearbeitet werden, wo er auch entstanden ist.

Sich aber ‚indirekt-inaktiv‘ zu verhalten ist sehr fragwürdig, weil es sehr anstrengend ist und letzten Endes den Boreout konserviert oder gar noch verschlimmert.

Auf eine Form der ‚direkt-inaktiven‘ Vorgehensweise soll nun ein wenig näher eingegangen werden. Mitarbeiter verlassen die Firma dabei nicht tatsächlich, aber innerlich.

8 Innere Kündigung

Dem Mitarbeiter fehlt es an Mut oder einfach auch an den Voraussetzungen, formal zu kündigen. Möglicherweise hindern ihn auch Sachzwänge, die Firma zu verlassen. Das zwingt ihn zur Anpassung, er kündigt innerlich und reduziert sein Leistungsmaß. Das wiederum führt dazu, dass eine gewünschte Leistung nicht erbracht wird, weil es an der notwendigen Leistungsbereitschaft fehlt, vielleicht aber auch an Fachkompetenzen. Die innere Kündigung ist kein formaler Akt, sondern eine durchaus bewusste Willensentscheidung im Sinne eines „Mir reicht es! Ich will und kann nicht mehr!". Im Kontext des Boreout ist die innere Kündigung bedeutsam relevant, weil sie zu einer Coping-Strategie werden kann. Sie ist verhaltens- und handlungsrelevant für den Betroffenen. So betrachtet ist die innere Kündigung zunächst einmal etwas Negatives. Es ist ein subtiles Abwenden vom Unternehmen und seinen Zielen. Der offene Widerspruch ist zu Ende. Der Mitarbeiter orientiert sich an der kritiklosen Mehrheit, dreht sein Fähnchen in den Wind und verzichtet auf den Luxus einer eigenen Meinung. Kreative Lösungen im Nachgang zu einem sachlichen Konflikt mit Kollegen und Vorgesetzten sind die Ausnahme oder ganz Vergangenheit. Sein Engagement kommt zum Erliegen. Wollen Unternehmen hier gegensteuern, ist es notwendig, nach den Indikatoren zu fragen, die zu einer inneren Kündigung führen. [25]

8.1 Kommunikation negativer Inhalte

Nach einer inneren Kündigung kommuniziert der Arbeitnehmer bewusst oder unbewusst, verbal oder nonverbal seine negative Einstellung zum Unternehmen auch anderen Mitarbeitern gegenüber. Vorausgesetzt es gibt für seine Haltung objektive Gründe, die nicht in seiner Persönlichkeitsstruktur liegen, so kann es dazu kommen, dass sich seine Sicht der Dinge auf andere überträgt und quasi infizierend wirkt. Das ist ein dialogisches Geschehen, aber hierbei kann sich auch eine negative Kommunikation des gesamten Unternehmens widerspiegeln. Eben dann, wenn es allgemeine Praxis ist, Negatives und Stress zu kommunizieren. Begeisterung zu zeigen ist dann eher kontraproduktiv. Fehlt dem Unternehmen ein klares Konzept zum Umgang mit Informationen, kann das schnell einem Nährboden für Gerüchte und unbelegte Behauptungen werden. Haben die Mitarbeiter das Vertrauen in die Mitteilungen der Unternehmensführung

---

[25] Vgl. Prammer, E. (2013), S. 45 ff.

verloren, wird Klatsch und Tratsch zur Hauptinformationsquelle. Leicht kann dann ein Klima der Angst und Resignation entstehen. Martin Hilb spricht von einem ‚psychologischen Arbeitsvertrag', der durch die Medien und deren Wahrnehmung beeinflusst werde. Es entstehe Unzufriedenheit, wenn sich das vom Unternehmen nach außen transportierte Bild von dem des nach innen transportierten unterscheide.[26]

8.2 Sinnfrage

Die Frage nach der Sinnerfüllung im Beruf muss letztlich individuell beantwortet werden, denn Sinn lässt sich nicht verordnen. Sinnvoll zu arbeiten ist ein hohes Ideal. Vom Sinn entkoppelt wird die Arbeit dann, wenn sie als sinnlos empfunden wird. Ob dem dann auch tatsächlich so ist, mag dahingestellt sein, denn die Definition, was sinnvoll ist und was nicht, ist eine sehr subjektive Angelegenheit. Jedenfalls ist Sinnentkopplung eine starke Motivation für eine innere Kündigung und damit auch boreoutrelevant. Im Blick auf eine sinnhafte Beschäftigung werden mitunter schon bei der Berufswahl falsche Weichen gestellt. Statt Schauspielerin zu werden wird auf nachhaltiges Zureden der Eltern doch eine Laufbahn beim Finanzamt eingeschlagen. Statt subjektiver Sinnerfüllung ein eher existenzsicherndes Rundum-sorglos-Paket. Die falsche Berufswahl kann sogar dazu führen, dass es schon in der Ausbildung zur inneren Kündigung kommt, die dann in der Midlife-Crisis richtig durchschlägt.[27]

8.3 Hierarchische Strukturen

„Die Idee ist gut, aber leider kam sie nicht von mir." Diese potentielle Aussage eines Vorgesetzten kann verdeutlichen, was innerlich Gekündigte in einem hierarchisch strukturierten Unternehmen empfinden und worunter sie leiden. Ein Mangel an Autonomie und ein Zuviel an Kontrolle verhindern kreative Lösungen und Innovation. Das kann sogar so weit gehen, dass ein Verbesserungsvorschlag gar nicht erst kommuniziert wird, weil das Risiko hoch ist, dass er als Kompetenzüberschreitung missdeutet wird. „Einschränkungen der Autonomie,

---

[26]   Vgl. Hilb, M. (1992), S. 44.
[27]   Vgl. Hilb, M. (1992), S. 68.

insbesondere solche durch innere Konflikte, erzeugen einen Stress besonderer Qualität."[28]

8.4 Missachtung stiller Verträge

Ein stiller Vertrag hat in unserem Zusammenhang keine rechtliche Qualität, sondern wenn er nicht eingehalten wird, führt das zu einer bittereren Enttäuschung auf der Seite dessen, der seine Hoffnung auf ihn gesetzt hatte und kann gegebenenfalls auch zur Flucht in die Innere Kündigung führen. Ein Beispiel für einen stillen Vertrag ist das Senioritätsprinzip. „Das Senioritätsprinzip besagt, dass Beschäftigten mit zunehmender Betriebszugehörigkeitsdauer -und damit gewöhnlich mit zunehmendem Lebensalter- Privilegien und steigende Leistungen zuteilwerden. Die Vergünstigungen können vielfältig sein: höhere Löhne, größere Arbeitsplatzsicherheit, Erwerb betrieblicher Zusatzleistungen (Fringe Benefits), bevorzugte Berücksichtigung bei Weiterbildungsmaßnahmen, Beförderungen und Aufstiegen etc."[29] Alle in der Firma wissen, wer eigentlich ‚dran' wäre, eine freiwerdende Position zu besetzten. Stattdessen wird nach dem Leistungsprinzip oder ganz anderen Motiven vorgegangen und die Stelle entsprechend besetzt, vielleicht sogar extern.

8.5 Wertschätzungsmangel

Eine Verlagerung der Energie und des Engagements in den privaten Bereich kann seine Wurzel in fehlender Anerkennung durch den Chef haben. Hier ist, beispielsweise im Ehrenamt, Anerkennung der geleisteten Arbeit leichter zu erhalten und sie ist abgekoppelt von der Besoldung. Ein geringes Gehalt kann als Abwertung der Arbeit interpretiert werden.[30] Der Vorsitzende des Obst- und Gartenbauvereins ist der Motor seiner Gruppierung wird beklatscht, wiedergewählt und erscheint mit Bild in der lokalen Zeitung. Dass kein anderer Kandidat zur Verfügung stand, stört dabei niemanden. Nun wieder im Ernst: Fehlende Anerkennung oder gar Entmutigung und entsprechende Unterforderung durch einen Vorgesetzten oder eine andere wichtige Person

---

[28] Burisch, M. (2006), S. 150.

[29] Vgl. Gabler Wirtschaftslexikon, Stichwort: Senioritätsprinzip (o.J.); Internet:
http://wirtschaftslexikon.gabler.de/Archiv/5997/senioritaetsprinzip-v11.html, abgerufen am 03.06.2017.

[30] Vgl. Knauder, H. (2005), S. 15.

wirken resignierend.[31] Gerade eine dauerhafte Unterforderung verweist wieder auf einen Boreout.

8.6 Bürokratie

Unbestritten ist eine effiziente Verwaltung etwas sehr hilfreiches. Ein gutausgebildeter Beamter, der objektiv und unter Beachtung entsprechender Regelwerke vernünftige Entscheidungen trifft, ist ein angemessener Ausdruck staatlicher Autorität. Wenn er mit etwas Zivilcourage seine Spielräume ausnutzt, legitimiert sich sein Handeln ganz von selbst. Leider ist in bürokratischen Strukturen aber auch eine andere Variante denkbar: „Wer bei seinen Bemühungen immer wieder mit dem Kopf gegen eine Wand aus Formularen, Sturheit oder Rangordnungen gestoßen ist, wird ziemlich bald freiwillig auf jede Art geistiger Beweglichkeit verzichten."[32]

8.7 Sozialer Status

Weil mit einen Arbeitsplatzwechsel auch ein unkalkulierbares Risiko verbunden sein kann, von Informationen und dem Zugang zu gesellschaftlichen Gruppen abgeschnitten zu werden, ist dieser Schritt von vielen nur nach sorgfältigen Überlegungen gehbar. Sozialer Abstieg könnte mit einem solchen Schritt verbunden sein. Zudem müsste der Bewerber um einen neuen Arbeitsplatz möglicherweise viele Hürden eines Bewerbungsverfahrens überwinden. Das bedeutet, dass dem Erhalt des Status mehr Gewicht beigemessen wird, als den neuen Chancen im Nachgang zu einer formalen Kündigung. Stattdessen wird versucht, den Leidensdruck einer inneren Kündigung auszuhalten.

Elisabeth Prammer weist aber auch darauf hin, dass es eine positive Variante der inneren Kündigung geben kann. Sie greift dazu eine provokante These Halblützels auf, nach der man in einer öffentlichen Verwaltung erst dann systemkonform arbeiten könne, wenn man die innere Kündigung schon vollzogen habe.[33] Damit werden natürlich gängige Klischees bedient. Anpassung ist opportun und Kritiklosigkeit fördert die Karriere. Denkbar für bürokratisch arbeitende Organisationen ist, dass in ihnen ein common sense besteht, möglichst nicht allzu

---

[31]   Vgl. Handke, U. (1997), S. 48.
[32]   Luck, C. (1995), S. 60.
[33]   Halblützel, P. zitiert in Hilb, M. (1992), S. 31.

viel und möglichst stressfrei zu arbeiten. Wer diese ‚Werte' nicht teilt, gerät leicht zum unbeliebten Außenseiter. Betriebswirtschaftlich sind innere Kündigungen oder gar kollektive innere Kündigungen bedenklich. Es entstehen versteckte Kosten, weil eigentlich effizienter und schneller gearbeitet werden könnte. Das Produkt ‚abgeschlossener Verwaltungsvorgang' könnte von weniger Mitarbeitern und in kürzerer Zeit geliefert werden. Aber bürokratisch arbeitende Organisationen scheinen innerlich gekündigte Mitarbeiter zu dulden, weil sie korrekt und leidenschaftslos ihre Vorgänge abarbeiten und so in der Firma ‚alt' werden können. Die Kosten für deren Ausbildung haben sich dann gelohnt. Anders sieht das sicher in leistungsorientierten Unternehmen aus. Hier riskiert der innerlich Gekündigte einen formalen Exit, nämlich die Kündigung durch seinen Arbeitgeber. Um ihr zuvorzukommen, müsste der Arbeitnehmer Widerstände überwinden, die in seiner eigenen Person liegen, wie beispielsweise das subjektive Gefühl, die Arbeit nicht aufgeben zu können. Je länger dieser Zustand der inneren Kündigung andauert, desto schwieriger wird es für ihn, den Weg der formalen Kündigung zu gehen. Man denke dabei nur an das fortschreitende Lebensalter und die damit sinkenden Chancen am Arbeitsmarkt. Außerdem scheint der Boreout unausweichlich zu sein. Das kann zu merkwürdigen, ja paradoxen Verhaltensweisen führen.[34]

---

[34] Vgl. Prammer, E. (2013), S. 45 f.

9 Boreout-Paradox

Rothlin und Werder sprechen in diesem Zusammenhang von einem ‚Boreout-Paradox' und beschreiben es als ein Phänomen, das nicht am Beginn einer Karriere steht, sondern eine letzte Stufe in einem Entwicklungsprozess darstellt. Dieser Prozess beginnt mit dem Einstieg in das Berufsleben. Der Arbeitnehmer freut sich auf seine Tätigkeit und denkt nicht an Langeweile. In einer zweiten Stufe macht er die Erfahrung, dass es auch Zeiten ohne wirkliche Arbeit gibt. Diese Zeiten werden als so attraktiv empfunden, dass sie mehr und mehr bewusst eingeplant werden. Die Endstufe ist davon gekennzeichnet, dass der Arbeitnehmer an Boreout leidet, sich dann aber in der Folge paradox verhält. Diese Verhaltensweise lässt sich in drei verschiedenen Formen wiederfinden.[35]

Das `Hans-im-Glück-Paradox' beschreibt eine Handlungsweise im Spannungsfeld von ‚Wollen' und ‚Haben'. „Was wir haben, wollen wir nicht – und was wir wollen, haben wir nicht."[36] Als Beispiel kann eine Liebesbeziehung dienen. Ist sie gegeben, dann wird die Freiheit vermisst. Ist die Beziehung nicht mehr gegeben wird sie vermisst und der Wert der Freiheit wird für die Person, die sie ursprünglich vermisst hat, nun deutlich geringer. Der Schwank „Hans im Glück" von den Gebrüdern Grimm widergegeben beschreibt das paradoxe Verhalten des Hans zur Belustigung der Leser. Seinen Lohn nach siebenjähriger Arbeit tauscht er, danach tauscht er immer wieder, was er gerade erhalten hat. Am Schluss steht er ohne Lohn da. Von jedem Tausch hatte er sich vergeblich eine Besserung seiner Situation erhofft.

Eine weitere, allgemein bekannte und immer wieder praktizierte Verhaltensweise ist das 'Geschenk-Paradox'. Für etwas, das uns in liebenswerter Absicht geschenkt wurde, aber in keiner Weise unseren Wünschen und unserem Geschmack entspricht, bedanken wir uns höflich. Und auf die Frage, ob es uns denn wirklich gefalle, folgt die Notlüge „Ja". Unser Empfinden und unser daraus resultierendes Verhalten sind nicht kongruent. Kaum auszudenken, wenn wir in solchen Fällen ehrlich wären. Trotzdem bleibt es eine Lüge, die den Schenkenden täuschen will. In einem weiteren paradoxen Verhalten belügen wir uns sogar selbst.

---

35 Vgl. Rothlin, P. & Werder, P. R. (2014), S. 67ff.
36 Rothlin, P. & Werder, P. R. (2014), S. 68.

Auch bekannt und gängige Praxis ist das Verhalten, das Rothlin und Werder als 'Gesundheits-Paradox' beschreiben. Gegen besseres Wissen ernähren sich nach wie vor viele Menschen falsch, indem sie zu viel Süßes, zu kalorienreiches und zu fleischhaltiges Essen zu sich nehmen. Sie schauen viel Fernsehen, statt sich zu bewegen. Vom übermäßigen Alkoholkonsum und dem Rauchen ganz zu schweigen. Solches Fehlverhalten erfordert Vertuschungsstrategien. Hierzu ein Beispiel: Die eindrücklichen Bilder gesundheitlicher Schädigungen auf Zigarettenverpackungen, die eine abschreckende und bewusstseinsbildende Wirkung haben sollen, werden mit einer unauffälligen oder attraktiven Umverpackung ‚getarnt'. Erst eine ernste Diagnose entlarvt später die Selbsttäuschungen.

Die drei beschriebenen Paradoxe lassen sich in einem Satz zusammenfassen: „Wir wollen etwas, was wir gerade nicht haben, entwickeln Strategien, um uns zu schützen, und belügen dabei nicht nur die Anderen, sondern auch uns selbst."[37] All dies ist auch beim Boreout-Paradox beobachtbar. Der Betroffene verzichtet darauf, irgendetwas Wirksames zu unternehmen oder zumindest etwas zu versuchen, um dem Boreout zu entkommen. Stattdessen wendet er die Boreout-Strategien an, die keinen Ausweg darstellen und die Unzufriedenheit nur verlängern oder gar verstärken. Rothlin und Werder nennen zwei Grundlagen für das Boreout-Paradox:

- „Die Angst des Arbeitnehmers, bei der Arbeit gestresst zu sein. Untrennbar damit verknüpft ist der Wunsch, sich in Stresssituationen dem Zustand des Nichtstuns hingeben zu können."[38]

- „Die Erkenntnis, dass sich ein Arbeitnehmer beim Nichtstun bei der Arbeit alles andere als zufrieden fühlt und sich deshalb in den Momenten der Langeweile wieder wünscht, mehr arbeiten zu können." [39]

Die Bereitschaft zur Leistung ist ein Merkmal für jeden ‚normalen' Menschen. Insbesondere die Angehörigen der Generation Y (auch ‚Millennials' genannt) sind leistungsorientiert. Das sind die Geburtsjahrgänge von 1977/80 bis 1997/2000.[40]

---

[37] Rothlin, P. & Werder, P. R. (2014), S. 74.

[38] Rothlin, P. & Werder, P. R. (2014), S. 73.

[39] Rothlin, P. & Werder, P. R. (2014), S. 73.

[40] Vgl. Winkler, B., (2014); Internet: http://www.zukunft-ist-thema.at/themen/gesellschaft/beitrag/von-

Langeweile im Job ist für diese Generation ein Unding. Der Fokus der Generation Y liegt nicht allein auf dem Geldverdienen zur reinen Existenzsicherung, sondern ihre Arbeit bekommt einen Wert an sich. Freude an der eigenen Arbeit rückt in den Vordergrund und wird zur Leistungsmotivation. Erlebt wird das Arbeiten in einer ständigen Wettbewerbssituation, die zu Selbstdisziplin und Selbstoptimierung zwingt. Hieraus resultiert ein großes Interesse an Weiterbildung und Karriereentwicklung.[41]

Wenn solche Menschen die Symptome des Boreout-Syndroms zeigen, sollte man sie als psychisch erkrankt betrachten, analog der Betrachtung des Burnout-Syndroms. Neben den individuellen Auswirkungen der Erkrankung, gibt es auch kollektive, wie das persönliche Umfeld und die Firmen. Ein paar Zahlen mögen das verdeutlichen.

---

generation-z-millenials-und-babyboomern-dem-generationenwandel-auf-der-spur.html,
    Salzburg 2014,
abgerufen am 12.02.2016.
[41]   Vgl. Schulenburg, N. (2016), S.15.

10 Betriebe als mittelbar Betroffene

Es gibt noch keine empirischen Auswertungen der Folgen des Boreout-Syndroms, zumal die Diagnostizierung in Abgrenzung zum Burnout-Syndrom schwierig ist. Gemeinsam ist beiden, dass sie zu den psychischen Erkrankungen gezählt werden. In Deutschland fehlen Arbeitnehmer durchschnittlich an 17 Tagen im Jahr. Mit psychischen Erkrankungen allerdings steigt die durchschnittliche Anzahl auf 25 Tage. Hier ließe sich einwenden, dass der Anteil psychischer Erkrankungen verhältnismäßig klein ist. Aber hier gab es in den vergangenen Jahrzehnten eine rasante Entwicklung. In 1976 lag der Anteil der psychisch bedingten Arbeitsunfähigkeiten bei 2% aller Krankheitsursachen. Im Jahr 2009 lag dieser Anteil allerdings schon bei fast 10% und in 2016 kletterte er auf 15,1 Prozent. In den vergangenen 40 Jahren sind die Krankheitstage, die auf eine psychische Krankheit zurückzuführen sind, um das Fünffache gestiegen. Mittlerweile bilden diese Erkrankungen die Diagnosegruppe, die bei Krankschreibungen und Arbeitsunfähigkeiten am dritthäufigsten vorkommt.[42] Beachtlich ist auch die Krankheitsdauer bei psychisch Erkrankten mit durchschnittlich 36 Tagen im Vergleich zu den anderen Erkrankungen, die mit durchschnittlich 12 Tagen zu Buche schlagen.[43] Das bedeutet, dass psychisch Erkrankte durchschnittlich dreimal länger krank sind im Vergleich zu den anderweitig Erkrankten. Darüber hinaus sind bei den Frühberentungen die Personen mit psychischen Erkrankungen mit 42,9 Prozent die stärkste Gruppe. Im Jahre 1993 lag dieser Prozentsatz noch bei 15,4 Prozent.[44] Das Durchschnittsalter frühberenteter psychisch Kranker liegt bei 48,1 Jahren und damit deutlich niedriger als bei anderen Diagnosegruppen.[45]

Die Verluste, die Unternehmen und auch der Volkswirtschaft entstehen, sind immens. Die direkten Krankheitskosten werden von der Bundesanstalt für Arbeitsschutz und Arbeitsmedizin für das Jahr 2011 auf knapp 16 Milliarden Euro beziffert. In der Prognose der Bundesanstalt wären für das Jahr 2030 rund 32 Milliarden Euro denkbar, also gar eine Verdoppelung. Nicht berücksichtigt bei diesen Zahlen sind die indirekten Kosten durch reduzierte Produktivität und

---

[42] Vgl. F. Knieps & H. Pfaff (2016), S.59.
[43] Vgl. F. Knieps & H. Pfaff (2016), S.47.
[44] Vgl. Deutsche Rentenversicherung Bund (2016), S.111.
[45] Vgl. Deutsche Rentenversicherung (2014), S. 24.

Frührente. Die steigende Entwicklung der Arbeitsunfähigkeitstage psychisch erkrankter Personen hat zwangsläufig auch Auswirkungen auf die Produktionsausfallkosten. Diese stiegen von geschätzten knapp 4 Milliarden Euro im Jahr 2008 auf 8,3 Milliarden im Jahr 2014 und haben sich somit mehr als verdoppelt. Ebenfalls fast verdoppelt haben sich die Zahlen für den Ausfall der Bruttowertschöpfung durch Krankschreibungen infolge psychischer Erkrankungen. Waren es in 2008 noch rund 7 Milliarden Euro, so stieg der Verlust im Jahr 2014 auf 13,1 Milliarden Euro.[46]

Zwei Ursachen für diese, nicht nur für die Patienten, sondern auch für die Unternehmen sehr unangenehme Entwicklung sind zu bedenken. Zunächst spielt der immer größer werdende Stress im Arbeitsalltag eine Rolle, aber auch eine zunehmend sensiblere Sicht auf die Symptome einer Erkrankung. Standen früher eher die körperlichen Ursachen im Vordergrund, so achten die Ärzte heute mehr auf psychosomatische Zusammenhänge. Für das Burnout-Syndrom gibt es Phasenmodelle zur Entwicklung des Krankheitsbildes. Volker Schmiedel differenziert drei Phasen: Aktivierung, Widerstand und Erschöpfung und liefert präzise Symptome.[47] Etwas Vergleichbares gibt es für das Boreout-Syndrom nicht. Auch Rothlin und Werder bleiben in dieser Hinsicht ein wenig indifferent, sehen aber Analogien zu anderen Krankheitsverläufen mit unterschiedlich starken Begleiterscheinungen und warnen vor Vernachlässigung. Die Frage, wie sehr jemand an Boreout leidet, ist individuell zu beantworten, ebenso die Frage, ob es sich um einen akuten oder chronischen Zustand handelt. Unabhängig von der individuellen Betrachtung des Syndroms, sehen sie aber auch Elemente für eine Verallgemeinerung und beschreiben sie in fünf Typologien. Mit deren Hilfe wollen sie nicht nur Material für eine Eigenbetrachtung, sondern auch für den Blick auf Kollegen liefern.[48]

Der Samariter - Mit diesem Typus ist eine Idealvorstellung verbunden. Für ihn ist die Arbeit nicht nur Beruf, sondern Berufung und er empfindet sie als sinnhaft, spaßmachend, stressfrei und auch gut bezahlt. In seiner Freizeit findet er genügend Raum für Familie und Freunde. Er hilft gerne und Arbeit und Leben sind für diesen zufriedenen Menschen nicht entfremdet. Der Begriff Samariter ist

---

[46] Vgl. o.V. (o.J.); Internet: http://psyga.info/pychische-gesundheit/daten-und-fakten/; abgerufen am 10.06.2017.

[47] Vgl. Schmiedel, Volker (2010), S. 21.

[48] Vgl. Rothlin, P. & Werder, P. R. (2014), S. 117ff.

nicht so glücklich gewählt, weil er etwas auf das Helfen hin engführt. Der ‚Integrierte' beispielsweise würde besser beschreiben, wer gemeint ist: Eine Person in ausgewogener ‚work-life-balance'. Leiden am Boreout ist für ihn kein Thema und er ist auch nicht gefährdet.

Der Geselle – Dieser Typus ist jung oder zumindest jung in der Firma. Er steht am Anfang seiner Karriere und ist für vielerlei Entwicklungen offen. Anfanghaft allerdings spürt er schon etwas von Unterforderung und Langeweile. Er bleibt aber motiviert mit Blick auf seine erhoffte Zukunft im Unternehmen. Seine jetzige Situation ist erträglich, denn die Besoldung stimmt. Er nimmt wahr, dass es durchaus seinen Reiz haben kann, nicht ständig unter Volllast arbeiten zu müssen und kann zwischenzeitlich auch das eine oder andere Private erledigen. Sein Boreout ist leicht und leicht zu ertragen.

Der Titanic-Passagier – Schon der Begriff lässt nichts Gutes ahnen. In Analogie zum Schiffsunglück beginnt die Reise im Unternehmen ohne Argwohn, alles scheint bestens zu sein und nichts weist auf das drohende Unheil hin. Auf das betriebliche Leben übertragen bedeutet dies, dass er die Strategien wirksam anwenden kann, aber es fehlt ihm die Einsicht, dass eine Katastrophe bevorsteht. Was er tut, ist überwiegend langweilig und die Identifikation mit dem Unternehmen eher gering. Es gelingt ihm gut, seine mangelnde Leistung zu vertuschen. Das ändert aber nichts daran, dass der Untergang unabwendbar auf ihn zukommt. Das gleicht der Situation auf der Titanic vor dem Zusammenprall mit dem Eisberg. Das Stadium der Erkrankung lässt sich als mittlerer Boreout beschreiben.

Das Chamäleon – Seine Anpassungsfähigkeit an seine Umgebung ist wohl unübertroffen im Tierreich und sichert ihm seine Existenz. „Chamäleons zeigen keine aktive Verteidigung gegenüber potenziellen Feinden, besitzen aber ein gewisses Repertoire an Drohgebärden oder Tarnstrategien zur Feindvermeidung. Die meisten Chamäleons drohen durch ein Aufreißen des Mauls, ..."[49] Der Vergleich zum Boreout-Betroffenen drängt sich förmlich auf. Auch er beherrscht seine Vermeidungs-Strategien meisterlich und verfügt über eine hervorragende Wahrnehmung seiner Umgebung, einschließlich seines Chefs. Die Arbeitsvorgänge dauern zu lange und die Prioritäten liegen auf der Bearbeitung

---

[49] Wikipedia, Stichwort: Chamäleon (o.J.); Internet:
https://de.wikipedia.org/wiki/Cham%C3%A4leons, abgerufen am 30.05.2017.

privater Angelegenheiten. Arbeitsvermeidung steht für das Betriebs-Chamäleon an erster Stelle und führt zwangsläufig zu Unterforderung, Langeweile und Desinteresse. Hier liegt nun ein intensiver Boreout vor.

Die Made – Oberflächlich betrachtet ist ihr destruktives Wirken am Speck nicht erkennbar. Erst das genauere Hinsehen und Aufschneiden eröffnet das Ausmaß des Schadens. Es gibt Arbeitnehmer, deren Fehlen sich nicht bemerkbar macht und die in Zeiten der Abwesenheit nicht vertreten werden müssen, weil sie tatsächlich so gut wie keinen produktiven Beitrag zum Unternehmen beisteuern. Die ‚Made' verkörpert die Top-Variante des Boreout und übertrifft damit noch Chamäleon an Ineffizienz. Dessen ungeachtet gelingt es ihr, im Job zu bleiben und eine Rechtfertigung für betriebliche Existenz zu liefern. Die Made repräsentiert den Boreout im Endstadium.

Kommt es zu einem Boreout, ist das aus zwei Perspektiven zu betrachten, aus der Sicht des betroffenen Arbeitnehmers und der des Unternehmens. Deshalb sollen nun für beide Ansätze für vorbeugende Maßnahmen beschrieben werden.

11 Ansätze für eine persönliche Boreout-Prävention

Wer sieht sich schon gerne als ‚Geselle‘, ‚Titanic-Passagier‘, Chamäleon oder gar ‚als Made‘? Wenn nun der Arbeitnehmer erkennt, dass mit ihm etwas nicht stimmt und die Boreout-Symptome erkennbar sind, gilt es für ihn Veränderungen anzustreben. Damit ist jedoch weder die Perfektionierung seiner Boreout-Strategien gemeint, noch der Weg in die innere Kündigung. Und wenn die formale Kündigung als Alternative nicht in Frage kommt, welche Handlungs- und Verhaltensmöglichkeiten bieten sich an, um seine Situation zu verbessern? Hier warnen Rothlin und Werder vor Scheinlösungen, die im Grunde nur eine Weiterentwicklung der bekannten Strategien darstellen würden. Exemplarisch dazu verweisen sie auf Corinne Maier und ihr Buch „Die Entdeckung der Faulheit“, in dem sie dem Leser Tipps bietet, wie mit unerträglichen Situationen am Arbeitsplatz umzugehen sei und wie man sich besser darstellen könne, ohne sich dafür anzustrengen. Eine, der von ihr angebotenen Lösungen ist die Faulheit, die aber nach Rothlin und Werder kein Element des Boreout ist.[50] „Unter dem Boreout leidende Arbeitnehmer sind nicht per se faul, sondern werden faul gemacht.“[51] Engagement und Eigeninitiative bleiben auf der Strecke, wenn Vorgesetzte ihre Mitarbeiter unterfordern. Frustriert machen Sie dann ‚Dienst nach Vorschrift‘. Im Prinzip ruft Corinne Maier zur ganz bewussten Faulheit auf, wenn sie rät: „… so wenig wie möglich zu arbeiten, niemals und unter keinen Umständen einen verantwortungsvollen Posten anzunehmen oder in den größten Unternehmen die überflüssigsten Stellen zu wählen und dann vor allem Veränderungen zu vermeiden.“[52] Sie rät dem Arbeitnehmer, sich keinen Illusionen hinzugeben im Hinblick auf Herausforderung und Erfolg am Arbeitsplatz und die Vorstellung aufzugeben, im Unternehmen etwas verändern zu können. Stattdessen solle er sich in sein Schicksal ergeben und sich subjektiv aus dem Unternehmen zurückziehen, um in ihm ein diskretes und gnadenloses Parasitentum zu leben.[53]

Diesem Lösungsansatz Maiers widersprechen Rothlin und Werder entschieden, weil er die menschliche Gefühlswelt missachtet. Der Betroffene fühle sich

---

[50] Vgl. Rothlin, P. & Werder, P. R. (2014), S. 123.

[51] Rothlin, P. & Werder, P. R. (2014), S. 124.

[52] Rothlin, P. & Werder, P. R. (2014), S. 124f.

[53] Vgl. Rothlin, P. & Werder, P. R. (2014), S. 125.

schlecht, unzufrieden und frustriert. Auch das Selbstwertgefühl leidet erheblich. Das eigentliche Problem wird durch die propagierte Faulheit nicht gelöst, aber der Weg in den Boreout eingeschlagen.

11.1 Eigenverantwortung

Es gibt keine Heilung ohne Mitwirkung des Patienten und natürlich erst recht keine wirksame Prophylaxe. Das heißt, eigenverantwortliches Handeln ist notwendig und unverzichtbar. Wenn die Organisation selbst sich mit inneren Veränderungen schwer tut oder die Fähigkeit dazu verloren hat, ist von ihr her keine große Hilfe in einer Boreout-Situation zu erwarten. Der Betroffene ist daher zunächst einmal auf sich selbst verwiesen. Er kann das Unternehmen in seinen Strukturen nicht ändern, sondern zunächst einmal nur sich selbst. Dabei geht es um die Wahrnehmung von Eigenverantwortung durch den Arbeitnehmer. Selbst wenn ein Unternehmen stark durchreguliert ist und die Tätigkeitsbeschreibungen engführend sind und bestimmte Prozesse in der Organisation zementiert zu sein scheinen, gibt es trotzdem irgendeinen Spielraum für Eigeninitiative. Sie ist die Konsequenz wahrgenommener Eigenverantwortung. Rothlin und Werder bringen in diesem Zusammenhang den Begriff ‚Entrepreneurship' ins Spiel.[54] „Entrepreneurship bezeichnet zum einen das Ausnutzen unternehmerischer Gelegenheiten, zum anderen den kreativen und gestalterischen unternehmerischen Prozess in einer Organisation, bzw. einer Phase unternehmerischen Wandels,..."[55] Wenn auch die Unternehmerpersönlichkeit im Fokus der aktuellen Entrepreneurship-Forschung steht, so hat das doch mittelbar auch einen Einfluss auf dessen Arbeitnehmer. Wenn unter vielen anderen Merkmalen Leistungsmotivstärke, die Überzeugung für Schicksal und Handeln selbst verantwortlich zu sein, Problemorientierung, Belastbarkeit, emotionale Stabilität und soziale Anpassungsfähigkeit den modernen Unternehmer kennzeichnen, braucht es auch die entsprechenden Angestellten, die nicht stumpf und stupide ihre Aufträge abarbeiten. Erwartet wird stattdessen eigeninitiatives Handeln, unaufgefordert innovativ zu sein und Arbeitsvolumen und Pensum mit

---

[54] Vgl. Rothlin, P. & Werder, P. R. (2014), S. 130.

[55] Vgl. Gabler Wirtschaftslexikon, Stichwort: Entrepreneurship (o.J.); Internet: http://wirtschaftslexikon.gabler.de/Archiv/5997/senioritaetsprinzip-v11.html, abgerufen am 06.06.2017.

Blick auf das Unternehmenswohl selbständig festzusetzen.[56] Im Sinne von Entrepreneurship braucht es auch unternehmerisch denkende Angestellte, die ihre Spielräume nutzen. Viele Stellenausschreibungen nehmen selbständiges Arbeiten und Eigeninitiative in ihr Erwartungsprofil auf.

Wenn nun dieses Denken in der Philosophie des Unternehmens verankert ist, aber faktisch –warum auch immer- nicht umgesetzt wird, bleibt trotzdem die Wahrnehmung der Eigenverantwortung für sich selbst der wichtigste Ansatz für ein Entkommen aus dem Boreout. Die Alternative wäre nämlich das Ausharren, fast in einer Opferhaltung, und das weitere Pflegen der Strategien, allerdings ohne die Option eines guten Ausgangs. Dazu wird es immer dann kommen, wenn der Arbeitnehmer seinen, wenn vielleicht auch kleinen, Spielraum nicht nutzt, auf eine Lösung „von oben" wartet und den Ausweg der Eigeninitiative nicht beschreitet.

Das Thema Eigenverantwortung sollte im Sinne einer Boreout-Prophylaxe bereits im Vorstellungsgespräch klar thematisiert werden. Sollte es vom Arbeitgeber nicht angesprochen werden, dann unbedingt vom Arbeitnehmer. Das Stelleninserat ist dafür ein erster Anknüpfungspunkt. Aus nachvollziehbaren Gründen wird sie sehr attraktiv formuliert sein, aber gewiss nicht immer der zugehörenden Firmenrealität gerecht werden. Wird beispielsweise mit Projektarbeit geworben, so gilt es beispielsweise im Bewerbungsgespräch einfach einmal nachzufragen, welche konkreten Projekte derzeit anliegen. Auch die Frage nach der Auslastung des vorherigen Stelleninhabers und nach dem Anteil von Projektarbeit am Stellenumfang ganz allgemein kann möglicherweise schon vorab Gefährdungspotential durch Unterforderung, Desinteresse und Langeweile erkennen lassen. Hilfreich kann es auch sein, sich von Dritten Informationen über die Firma und deren Chefs zu holen, nicht nur unter Boreout-Aspekten, sondern um eine breitere Basis für eine Entscheidung zu bekommen.

Das waren Vorschläge, wie bereits noch vor dem eigentlichen Beginn eines Arbeitsverhältnisses Sensibilität für Boreout hilfreich sein kann, um ihn perspektivisch zu vermeiden.

---

[56] Vgl. Rothlin, P. & Werder, P. R. (2014), S. 125.

11.2 Qualitativer Lohn

Arbeit als eine ,milde Krankheit' zu betrachten geht zurück auf einen Vergleich des deutsch-amerikanischen Philosophen Frithjof Bergmann. Er sieht Arbeit in Analogie zu einer mild verlaufenden Krankheit, die rasch vorübergeht. Ist der Mittwoch erst einmal erreicht, ist auch das Wochenende schon in Sicht.[57] Das ähnelt einer Grippe, die mit verschiedenen Symptomen einhergeht, die Diagnose entsteht allerdings erst durch die Zusammenschau. Jedes einzelne Symptom kann für sich allein therapiert werden, aber Heilung muss die ganze Erkrankung im Blick haben. Grippe ist ein Syndrom aus Fieber, Übelkeit, Erkältung und anderem mehr. Unterforderung, Langeweile, Desinteresse und die dazugehörigen Strategien sind nicht neu. Neu ist die Zusammenschau als Boreout-Syndrom. Es gibt also einzelne Elemente, aber auch ein Gesamtphänomen. Die Therapie eines einzelnen Elementes bewirkte Milderung, aber das Syndrom würde weiter existieren. Es ist von Nöten, nach einem Lösungsansatz zu suchen von Nöten, der die einzelnen Elemente berücksichtigt, aber auch das Syndrom. [58]

Rothlin und Werder sehen diesen in ihrem Lösungsansatz des ,qualitativen Lohns' gegeben, denn ein mehrdimensionales Problem brauche auch eine mehrdimensionale Lösung. Sinn, Zeit und Geld definieren sie als zentrale Elemente für eine Arbeitsplatzzufriedenheit.

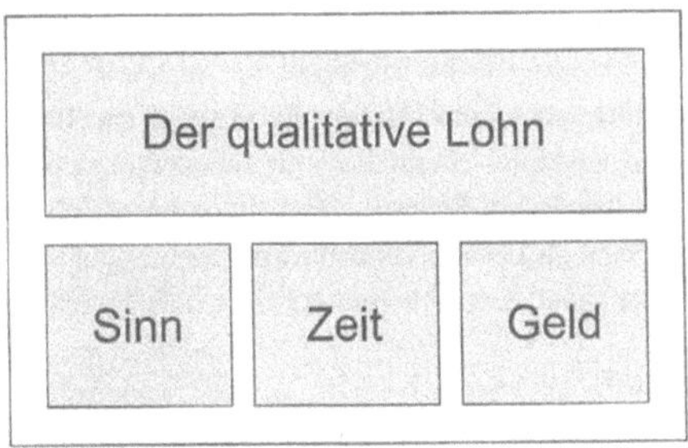

Abbildung 6: Der qualitative Lohn
Quelle: Rothlin, P. & Werder, P. R. (2014), S.139.

---

[57]   Vgl. Bergmann, Frithjof (2004) in Rothlin, P. & Werder, P. R. (2014), S. 137 f.
[58]   Vgl. Rothlin, P. & Werder, P. R. (2014), S. 138 f.

Mit diesem Denken verlassen sie das klassische Verständnis vom Lohn als eine rein monetäre Größe hin zu einem komplexen Ausdruck von Arbeitszufriedenheit basierend auf:[59]

- Geld (existentiell notwendig)

- Sinn (persönliche Befriedigung)

- Zeit (Freizeit, Hobbies und die dazu notwendigen finanziellen Ressourcen)

Ein hoher qualitativer Lohn ist gegeben, wenn alle drei Elemente zufriedenstellend vorhanden sind, also nicht nur monetär sondern umfassend. Dementsprechend ist von einem niedrigen qualitativen Lohn zu sprechen, wenn ein Element unterrepräsentiert ist und keine Balance gegeben ist. Das wäre der Fall, wenn beispielsweise trotz sinnerfüllter Arbeit und ausreichend freier Zeit das Geld einfach nicht ausreicht. Der qualitative Lohn dient als Orientierungshilfe für einen Ausweg aus dem Boreout oder verhindert dessen Entstehung. Er ist also Therapie und Prophylaxe zugleich. Die Maximierung des qualitativen Lohnes ist das gut nachvollziehbare Ziel eines Arbeitnehmers. Dabei sollte der Fokus für ihn nicht allein auf dem Element Geld liegen, sondern seine Bemühungen sollten ebenso zur Maximierung der anderen beiden Elemente führen. Der qualitative Lohn ist keine punktuelle oder kurzfristige Angelegenheit, sondern nachhaltig. Eine ausgewogene Kombination der Elemente braucht Zeit und langen Atem. Kurzfristige und punktuelle Maßnahmen, auch wenn sie erfolgreich sind, sollten sich dem langfristigen Ziel der Arbeitszufriedenheit unterordnen. Keines der Elemente darf überbewertet werden, sondern deren Kombination bringt den Erfolg gegen den Boreout.

11.3 Element Sinn

Auf die Frage nach dem Sinn des Lebens sind ganz unterschiedliche Antworten zu erwarten. Die Formulierung des Lebenssinns ist eine sehr subjektive Angelegenheit, epochenabhängig, kulturabhängig, gesellschaftsabhängig und letztlich auch personenbedingt. Es wird wohl kaum gelingen, eine objektive und allseitig anerkannte Definition von ‚Sinn‘ zu bekommen. „Bei der Frage nach dem Sinn des Lebens geht es um die auf einen Zweck gerichtete (teleologische) Bedeutung des Lebens im Universum an sich oder um die biologische und

---

[59] Vgl. Rothlin, P. & Werder, P. R. (2014), S. 139 f.

soziokulturelle Evolution, insbesondere des Homo sapiens. [60] Im Prinzip geht es darum, dass Verhältnis Mensch/Welt zu beschreiben. Diese abstrakte Definition muss heruntergebrochen werden auf ihre Relevanz für den qualitativen Lohn.

Der Arbeitnehmer muss selbst erforschen, was für ihn Sinn oder sinnhaftes Arbeiten bedeutet. Die Antworten darauf sind urpersönlich und was für den einen Ausdruck höchster Sinnerfüllung sein mag, ist für den anderen völlig sinnlos. Konsens dürfte sein, dass Geld als Mittel der Existenzsicherung unumgänglich ist. Ihm deshalb aber im Leben eine exklusive und zentrale Bedeutung zukommen zu lassen, wäre mit Blick auf den Boreout ein schwerer Fehler. Arbeit bekommt eine ganz andere Sinnhaftigkeit, wenn die Existenz gesichert und genügend Geld vorhanden ist und man nun nach ‚Herzenslust' arbeiten kann, als Rentner beispielsweise in seinem Verein, für sein Dorf oder seinen Stadtteil, für caritative Zwecke, oder auch in politischem Engagement. Geld spielt für den freiwillig Arbeitenden keine große Rolle mehr. Sinnerfüllung findet nun auf andere Weise statt. Lob, Anerkennung und das gute Gefühl, etwas wirklich Sinnvolles zu tun, schaffen Zufriedenheit mit sich und der Welt. Allerdings darf sinnhaftes Arbeiten kein Privileg von Ruheständlern sein.

Ob eine berufliche Tätigkeit als sinnvoll erfahren wird, hängt zusammen mit der Frage, ob diese Tätigkeit den Arbeitnehmer überhaupt interessiert. Interesse kann zum Indikator dafür werden, ob die Arbeit auch für ihn subjektiv betrachtet sinnvoll ist. Hieraus resultiert auch der erste Ratschlag von Rothlin und Werder in Zusammenhang mit dem Zufriedenheitselement Sinn:

„Arbeiten Sie etwas, was sie wirklich interessiert."[61]

Nachfolgender Fragenkatalog soll einem Arbeitnehmer helfen, die eigene Interessenlage zu reflektieren:[62]

Ist mir der befriedigende Anteil an meiner Arbeit groß genug?

Gehe ich gerne zur Arbeit?

Bekomme ich genug Anerkennung für mein Engagement?

---

[60]   Wikipedia, Stichwort: Sinn des Lebens (o.J.); Internet:
       https://de.wikipedia.org/wiki/Sinn_des_Lebens,
       abgerufen am 06.06.2017.
[61]   Rothlin, P. & Werder, P. R. (2014), S. 144.
[62]   Vgl. Rothlin, P. & Werder, P. R. (2014), S. 144.

Gibt es etwas, was ich eigentlich viel spannender finden würde als meine derzeitige Arbeit?

Könnte ich damit Geld verdienen?

Gehören solche Tätigkeiten zu meinen Freizeitaktivitäten?

Beneide ich Menschen um ihren Job, nicht nur aus monetären Gründen,

sondern weil sie eine spannende Aufgabe haben?

Was unterscheidet mich von diesen Menschen?

Habe ich meinen Beruf autonom gewählt oder eher Erwartungen meiner Eltern oder meines damaligen Umfeldes bedient?

Natürlich ist es eine Illusion, dass alle und überall ihre Jobs nach Neigung und Interesse aussuchen können. Der Spielraum dazu hat auch seine Grenzen. Ein Familienvater mit neugebautem Eigenheim wird sich sehr wohl überlegen, ob er anstreben soll, den Job zu wechseln, um eine interessantere Tätigkeit aufzunehmen. Oder ein Berufsanfänger, der gerne zur Berufsfeuerwehr gehen möchte, muss wissen, dass es diesen Dienst fast ausschließlich in Großstädten gibt, die ein entsprechend hohes Mietpreisniveau haben. Er wird wohl oder übel pendeln müssen. Viele weitere Begrenzungen bei der Berufswahl sind denkbar. Auch gibt ist eine gewisse Orientierungslosigkeit bei Schulabgängern angesichts der Vielfalt an Berufen und Jobprofilen. Ein Freiwilliges Soziales Jahr oder ein Bundesfreiwilligendienst können ein Zeitfenster für eine Orientierung darstellen oder aber auch ein Jahresaufenthalt in Australien oder Neuseeland, wie ihn derzeit viele junge Menschen unternehmen. Ob das allerdings wesentlich dazu beiträgt, einen interessierenden Beruf zu ergreifen, ist zu bezweifeln. Trotz all dem, eine Berufswahl oder einen Jobwechsel ohne ausreichendes Interesse an der Tätigkeit, dem Produkt oder der Dienstleistung bereitet einem Boreout den Nährboden. Gefährdet wären dann sehr viele Arbeitnehmer, denn es ist wohl der überwiegende Teil der Beschäftigten, der etwas tun muss, was ihn nicht wirklich interessiert.[63]

---

[63] Vgl. Bergmann, Frithjof (2004) in Rothlin, P. & Werder, P. R. (2014), S. 144 f.

Ein zweiter Ratschlag von Rothlin und Werder setzt genau hier an:

„Entdecken Sie den Sinn ihrer Tätigkeit, indem sie aktiv kommunizieren."[64]

Hinter diesem Rat steht ein Ansatz, der der zwischenmenschlichen Ebene große Bedeutung bei der Kompensation fehlenden Interesses und Zweifels am Sinn der Tätigkeit beimisst. Kommunikation hilft, die übertragenen Aufgaben in den größeren Zusammenhang des Unternehmens einzuordnen. Damit lichtet sich vielleicht nicht der Nebel um den Sinn, aber auf jeden Fall wird durch Kommunikation das Interesse des Arbeitnehmers am Unternehmen deutlich. Sind Tätigkeiten plausibel, dann erhöht sich entsprechend auch die Motivation, diese zu erledigen. Ohne hinreichendes Wissen um die Einbettung einer übertragenen Tätigkeit in die Prozesse des Unternehmens werden die Aufträge einfach nur abgearbeitet und der Sinn erschließt sich nicht so ohne weiteres. Das mag eine zeitlang durchzuhalten sein, aber irgendwann wird das Interesse an der Tätigkeit schwinden.

Auch hierbei kann ein Fragenkatalog zur Klärung beitragen:[65]

- Erkenne ich den Sinn meiner Tätigkeit, obwohl sie mich nicht besonders interessiert?
- Wie kann ich es erreichen, dass mein Vorgesetzter mir den Sinn meiner Arbeit erklärt?
- Sehe ich sinnvollere Arbeiten im Unternehmen, zu denen ich keinen Zugang habe?
- Hätte ein Gespräch darüber Aussicht auf Erfolg?
- Können die Entscheider des Unternehmens an mir ablesen, dass ich an sinnvoller Arbeit interessiert bin?
- Hinterlasse ich den Eindruck von Faulheit und Desinteresse?
- Wie kann ich mein Interesse am Unternehmen kommunizieren und dass ich Sinn in meiner Tätigkeit sehe?
- Wie kann ich kommunizieren, dass ich normalerweise zu wenig sinnvolle Arbeit erledigen darf?

---

[64] Rothlin, P. & Werder, P. R. (2014), S. 145.
[65] Vgl. Rothlin, P.& Werder, P. R. (2014), S. 146.

- Kommunikation ist keine Einbahnstraße, sondern ein dialogisches Prinzip. So kommt es nun darauf an, wie der Vorgesetzte auf die kommunikativen Vorstöße des Arbeitnehmers reagiert. Werden die Anliegen ernst genommen oder beiseite gelegt?

Ein boreout-sensibler Vorgesetzter wird sich Zeit nehmen und nach einer Lösung suchen.

Ein dritter Ratschlag zielt unmittelbar auf die Eigenverantwortung des Arbeitnehmers:

> „Arbeiten Sie an Ihrer Einstellung zur Arbeit."[66]

Dabei geht es um eine mögliche Veränderung der eigenen Einstellung zur Arbeit und um eine Erhöhung der Eigenmotivation. Stephen Lundin und seine Mitautoren verweisen auf das Veränderungspotential, das in der betroffenen Person liegt und das es zu heben gilt. Die Verantwortung dafür, dass es tatsächlich geschieht, liegt bei der Person selbst.

Dazu unterbreiten sie vier Vorschläge:[67]

- Wähle Deine Einstellung
- Spiele
- Mache anderen eine Freude
- Sei präsent

Am Arbeitsplatz spielen? Das erscheint auf den ersten Blick illusionär, weltfremd und sicher gewöhnungsbedürftig, selbst wenn der Vorschlag erfolgreich die Genehmigungshürde der Geschäftsleitung nehmen würde. Aber die Definition des spielenden Menschen (homo ludens) kann durchaus zum Nachdenken anregen: „Der Homo ludens…. (dt. der spielende Mensch) ist ein Erklärungsmodell, wonach der Mensch seine Fähigkeiten vor allem über das Spiel entwickelt: Der Mensch entdeckt im Spiel seine individuellen Eigenschaften und wird über die dabei gemachten Erfahrungen zu der in ihm angelegten Persönlichkeit. Spielen wird dabei mit Handlungsfreiheit gleichgesetzt. Es setzt eigenes Denken voraus. Das Modell besagt: „Der Mensch braucht das Spiel als elementare Form der Sinn-

---

[66] Rothlin, P. & Werder, P. R. (2014), S. 147.

[67] Ludin, S., Paul, H. und Christensen, J.(2013) in Rothlin, P. & Werder, P. R. (2014), S. 147f.

Findung."[68] Die Stichworte ‚individuelle Eigenschaften', ‚Handlungsfreiheit', ‚eigenes Denken' und ‚Sinnfindung' sind boreout-relevante Themen. Wenn sie im Spiel und dabei möglicherweise unbewusst angegangen werden, können sie helfen, eine unbefriedigende Situation erträglicher zu machen.

Anderen eine Freude zu machen, fällt auf den Schenkenden zurück, denn es bereitet ihm selbst Freude. Dazu reichen schon kleine Aufmerksamkeiten, selbst wenn sie den grauen beruflichen Alltag auch nur für kurze Zeit aufhellen. Das Betriebsklima an sich wird jedenfalls dadurch positiv beeinflusst. Dazu gehört auch, dass der Arbeitnehmer ‚präsent' ist und sich nicht in sein Büro oder auf seinen Arbeitsplatz zurückzieht. Grüppchenbildungen allerdings sind auch mit Vorsicht zu betrachten, weil dadurch keine Frontenbildungen innerhalb des Teams oder der Belegschaft vorangetrieben werden sollen.

Alle vorgetragenen Vorschläge wollen die Verbesserung einer unbefriedigenden Situation am Arbeitsplatz erreichen. Die ‚milde Krankheit' Arbeit soll erträglicher gemacht werden.

Das ist nicht im Sinne einer Autosuggestion zu missverstehen. Es gibt Situationen, die objektiv betrachtet einfach nicht mehr zu ertragen sind und somatische Ausdrucksformen finden. Dazu nun der letzte Ratschlag:

> „Kündigen Sie, wenn Sie vor lauter Sinnlosigkeit Ihrer Arbeit endgültig genug haben."[69]

Sinn ist ein wesentlicher Teil der Zufriedenheit am Arbeitsplatz, aber nicht der Einzige.

11.4 Element Zeit

Über Zeit wurde schon gesprochen, aber nun soll sie noch einmal eher grundsätzlich betrachtet werden. Dem Menschen steht kein unbegrenztes Zeitkontingent zur Verfügung, sondern lediglich seine Lebenszeit. Für ihn ist es wichtig, sie zu nutzen, denn sie verstreicht unaufhaltsam. Will er diese Zeit in seinem Sinne sinnvoll nutzen, muss er Prioritäten setzen und vielleicht sogar wählerisch werden, mit wem er sie verbrinden möchte. Freizeit im Sinne von frei

---

[68] Warwitz, S. & Rudolf, A. (2016), S. 36.
[69] Rothlin, P. & Werder, P. R. (2014), S. 147.

zu gestaltender Zeit, hat er erst nach Feierabend in seiner ‚Freizeit'. Ein ausgewogenes Verhältnis von Arbeitszeit und freier Zeit zum Regenerieren ist eine Vorrausetzung für Zufriedenheit.

Hier bietet sich die Unterscheidung der Zeit in ‚quantitativ' und ‚qualitativ' an. 'Quantitativ' meint die Zeit, die im Zusammenhang mit der Arbeit aufgewendet werden muss. Hierzu zählen auch die Hin- und Rückfahrt zur Arbeitsstelle und die Präsenzzeit am Arbeitsplatz selbst. Neun bis zehn Stunden muss ein deutscher Arbeitnehmer durchschnittlich dafür aufwenden. Die inhaltliche Gestaltung der Arbeitszeit ist aber auch unter qualitativen Aspekten zu beurteilen. Was abends willkommen ist als Freizeit, ist nur im bescheidenen Umfang am Arbeitsplatz erwünscht, da es sonst zu Langeweile, Desinteresse und Unterforderung kommen kann. Dem Boreout sind dann Tür und Tor geöffnet. Die Arbeitszeit sollte genutzt und nicht verplempert werden. Hier bekommt der Zeitbegriff seine zweite Ausformung: 'qualitativ'.[70] Auf diesem Hintergrund lautet der nächste Ratschlag:

> „Suchen Sie Arbeit während der Arbeitszeit."[71]

Dieser ernst gemeinte Rat will helfen zu verhindern, dass sich zu viele und zu lange Zeiten ohne wirkliche Tätigkeit mit den bekannten negativen Folgen ergeben. Dazu braucht es schon etwas Selbstdisziplin, um nicht der Versuchung des Nichtstuns zu erliegen. Auf die Anwendung der bereitliegenden bekannten Strategien muss verzichtet werden, stattdessen sollte der Chef auch erfahren, dass sein Mitarbeiter Arbeit sucht.

Diese Suche muss ihm in geeigneter Weise kommuniziert werden. Führt das nicht zu einem dauerhaften Erfolg, bleibt nur noch die Konsequenz:

> „Kündigen Sie, wenn Sie vor lauter Langeweile und Unterforderung nicht mehr weiterwissen"[72]

Bei der quantitativen Dimension von Zeit ist ein ausgewogenes Verhältnis von Arbeits- und Lebenszeit anzustreben, um eine ‚Work-Life-Balance' zu erreichen. Gemeint ist damit ein Zustand des Einklangs von Arbeits- und Privatleben. Im

---

[70] Vgl. Rothlin, P. & Werder, P. R. (2014), S. 149 f.
[71] Rothlin, P. & Werder, P. R. (2014), S. 151.
[72] Rothlin, P. & Werder, P. R. (2014), S. 153.

Prinzip geht es darum, genügend Geld zu verdienen und trotzdem noch ausreichend freie Zeit zu haben, um es auch ausgeben zu können für Hobbies, Reisen, Kultur oder auch zur Pflege von sozialen Kontakten. Länger zu arbeiten als unbedingt notwendig ist da kontraproduktiv, weil es dazu führt, die Balance zu verfehlen.

Die zu erwartenden Konsequenzen veranschaulicht nachstehende Grafik:

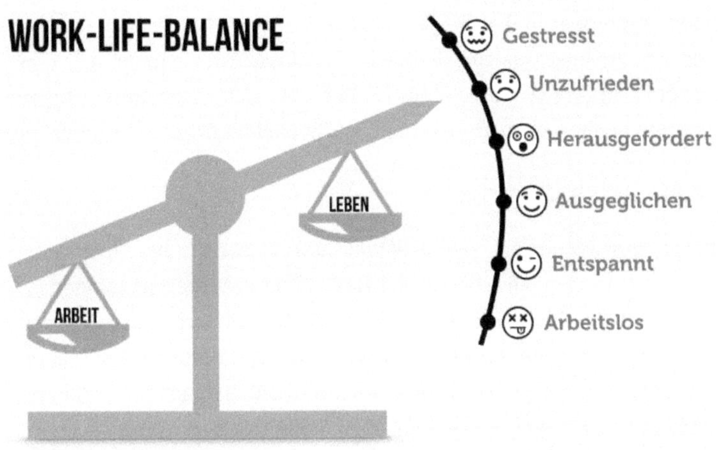

Abbildung 7: Work-Life-Balance
Quelle: o.V. (o.J.); Internet: http://karrierebibel.de/work-life-balance/; abgerufen am 10.06.2017.

Zum Begriff ‚Work-Life-Balance' gibt es auch kritische Stimmen, die behaupten, er sei ein Mythos und der Mensch sei von Natur aus ausgeglichen und es komme nur auf den richtigen Rhythmus an. Beiden Ansätzen ist gemeinsam, dass letztlich schädlich ist, dauerhaft zu viel zu arbeiten. [73]

Eine weitere Handlungsmöglichkeit im Bereich Zeit des ‚qualitativen Lohns' ist das Wählen von Teilzeitarbeitsmodellen. Sie ermöglichen eine Flexibilisierung der Grenzen zwischen Arbeit und Freizeit. Hierzu gibt es eine Vielzahl von Modellen, die gemeinsam haben, dass sie die reine Arbeitszeit reduzieren und die Freizeit

---

[73] Vgl. o.V. (o.J.); Internet: http://karrierebibel.de/work-life-balance/, abgerufen am 10.06.2017.

erhöhen. Beide betreffen die Arbeitsphase im Leben eines Menschen und sind damit auch Teil der Lebenszeit.

> „Wählen Sie ein anderes Lebenszeitmodell"[74],

so lautet der nächste Tipp von Rothlin und Werder. Sie sehen diesen Weg nicht als Lösung des Boreout-Problems, aber er kann helfen, die unbefriedigende Arbeitsplatzsituation erträglicher zu machen. Desinteresse und Langeweile in der Firma werden durch mehr Freizeitmöglichkeiten ausgeglichen. Immer mehr Firmen und sogar Behörden ermöglichen ihren Mitarbeitern einen Teil ihrer Arbeit von zuhause aus zu erledigen. So sind sie ihrer Familie nah oder arbeiten zumindest in einer Umgebung in der sie sich normalerwiese wohlfühlen. Außerdem können sie dort ihren ganz individuellen Arbeitsrhythmus leben.[75]

11.5 Element Geld

Geld ist zur Sicherung der Existenz unverzichtbar, es bietet eine gewisse Sicherheit und ermöglicht auch die Gestaltung von Freizeit. Aber das Gehalt ist nur ein Teil der Elemente, die Zufriedenheit zum Ziel haben. Wird das Gehalt isoliert und nur unter rein monetären Gesichtspunkten gesehen, kann es selbst wenn es üppig ausfällt, auch eine Unzufriedenheit nach sich ziehen. Wird das Streben nach Geld zu intensiv betrieben, kann das zum Verlust sozialer Kontakte und auch zu Krankheiten führen. Außerdem kann es daran hindern, das zu tun, was man eigentlich tun möchte. Dem Geld allein nachzujagen führt dann weniger in den Boreout als in den Burnout. Das sehr wohl im Blick habend nun der nächste und letzte Tipp:

> „Holen Sie das absolute Maximum an Lohn heraus!"[76]s

Normalerweise sagt man, das Wichtigste kommt zu Schluss. Aber es würde dem Konzept von Rothlin und Werder nicht gerecht, wenn der Eindruck entstünde, Geld sei das Wichtigste. Ihr Ansatz des ‚qualitativen Lohns' möchte einen Ausweg aus dem Boreout oder zumindest eine Milderung aufzeigen. Sinn, Zeit und Geld

---

74 Rothlin, P. & Werder, P. R. (2014), S. 154.
75 Vgl. Rothlin, P. & Werder, P. R. (2014), S. 154f.
76 Rothlin, P. & Werder, P. R. (2014), S. 156.

als Einheit aus ausgewogenen Elementen kombiniert, kann erfolgreich sein bei der ‚Heilung' eines Boreout, aber auch schon seiner Prävention dienen.

Rothlin und Werder favorisieren die Selbstverantwortung des Boreout-Betroffenen für die Veränderung seiner Situation. Doch die hat ihre Grenzen. Betroffene sind häufig durch familiäre Bindungen, Eigenheim, Verwurzelung im Dorf und ähnlichem eher immobil.

Wenn sie über sehr spezielles Fachwissen verfügen, ist der Arbeitsmarkt für sie dann auch entsprechend klein. Eine Reduzierung des Beschäftigungsumfanges ist nur für wirklich gut verdienende Arbeitnehmer eine Option, die es sich leisten können, auf einen Teil ihres Gehaltes zu verzichten. Insgesamt betrachtet haben die vielen Tipps, die Rothlin und Werder für Betroffene bereithalten, den Charakter einer nachhaltigen Ermutigung, das eigene Schicksal selbst in die Hand zu nehmen. [77]

11.6 Coaching für Betroffene

Einen weiteren Ansatz für eine Boreout-Bearbeitung nennt die Psychologin Sabine Cürten in ihrem Artikel „Boreout Syndrom und Coaching". Sie empfiehlt, einen Coach als Hilfe von außen. Personen aus der Organisation selbst sind wenig geeignet, denn sie unterliegen Sachzwängen und wenn es sich gar um Führungskräfte handelt, sind sie möglichweise sogar die Ursache des Boreout-Problems. Ein Coach ist in der Lage, neutral zu beraten und quasi von außen auf die Situation des Boreoutbetroffenen zu schauen. Neue Wege, auch Auswege, können gemeinsam gesucht werden und auch das Privatleben dabei mitbedacht werden, das innerbetrieblich oft als ein Tabu gilt. [78]

Einige weitere Vorschläge zum persönlichen Umgang mit Boreout unterbreitet Ulrike Rauwolf aus ihrem Blickwinkel als Coach, Supervisorin, Konfliktmanagerin und Organisationsentwicklerin. Im Gegensatz zu Rothlin und Werder lässt sie den formalen Exit außer Acht und gibt stabilisierende Empfehlungen basierend auf der Grundannahme, dass sich Boreout und Burnout ähneln: [79]

---

[77] Vgl. Rothlin, P. & Werder, P. R. (2014), S. 157ff.

[78] Vgl. Cürten, S. (2013), S. 473.

[79] Rauwolf, U. (2017); Internet: http://www.ent-wickeln.at/burnout/, abgerufen am 11.06.2017.

- „Nehmen Sie Ihre Eigenverantwortung ernst! Achten Sie auf sich!
- Gönnen Sie sich Auszeit!
- Halten Sie konstruktive Pausen ein!
- Machen Sie ein Tagesresümee mit dem Gedankenstopp: „Das soll für heute genug sein!"
- Hinterfragen Sie den Wunsch nach Bestätigung durch andere in der Arbeit!
- Bemühen Sie sich um Lösungen und nicht um Sympathien!
- Drücken Sie ihre Gefühle aus und stehen Sie zu ihren Grenzen!
- Spüren Sie nach, was Ihnen Freude macht!
- Pflegen Sie berufsfremde Interessen!
- Achten Sie auf genügend Distanz zu Ihren Kundinnen und sind Sie, wenn möglich per Sie! (Reduktion der Identifikation!)
- Sehen Sie die Institution, ihre Arbeit und ihr Team mit Licht- und Schattenseiten!
- Reflektieren Sie Ihre Situation in Supervision und Coaching!
- Gönnen Sie sich eine Fortbildung, wo Sie möglichst viel Neues erfahren!
- Pflegen Sie soziale Kontakte außerhalb des Arbeitsfeldes!
- Nehmen Sie sich Zeit für körperliche und geistige Fitness!
- Genießen Sie die Natur, Musik, Meditation, eine Tätigkeit oder Hobby, wo Sie sich vollständig hingeben können!"

Im Prinzip geht es bei vielen dieser Ratschläge um Abgrenzung und auch um Verlagerung der Interessenschwerpunkte in die Freizeit. Es ist ein egozentrierter Ansatz, der die Situation am Arbeitsplatz erträglicher machen kann, aber er birgt auch das Risiko der Selbsttäuschung. Immerhin ermutigt auch dieser Ansatz dazu, die eigene leidvolle Situation nicht tatenlos zu akzeptieren. Insgesamt betrachtet erscheint er wirksamer für den Umgang mit Burnout als mit Boreout und dessen Wurzeln in Unterforderung, Langeweile und Desinteresse.

Auf jeden Fall können durch Coaching der Blick des zu Beratenden geweitet und Alternativen zu den bekannten Strategien entwickelt werden. Hierbei ist wichtig, dass eine grundsätzliche Ergebnisoffenheit des Coaching gegeben sein sollte, selbst wenn das Unternehmen die Kosten hierfür übernimmt. Stundensätze von €200,- sind keine Seltenheit, so dass für einen ‚Normalverdiener' die Option eines Coachings wohl eher nicht in Frage kommt. „Die Honorare für Coaching hängen stark davon ab, wer gecoacht wird und zu welchem Anlass. Laut aktueller Studie der WeiterbildungsSzene Deutschland 2016, veröffentlicht im Februar 2016, wird im Durchschnitt ein Stundensatz von 168 Euro in Rechnung gestellt. Institutionelle Einrichtungen haben in der Regel höhere Sätze als freiberufliche Coaches. Die meisten der auf eigene Rechnung agierende Coaches bewegen sich im Korridor zwischen 100 und 200 Euro Stundensatz. Jeder vierte verlangt jedoch auch höhere Stundensätze."[80] Die Frage nach der notwendigen Dauer eines Coachings zur Lösung einer Problematik kann nicht pauschal beantwortet werden. Je nach Komplexität der Problemlage sind 4 – 20 Sitzungen notwendig. Der Schnitt liegt bei 11 Stunden.[81] Wenn es auch für den einzelnen Arbeitnehmer zu teuer sein kann, so wäre es doch eine Option für ein Unternehmen, die entsprechenden Kosten zu übernehmen. Coaching könnte ein Teil eines Fort- und Weiterbildungskonzeptes sein. Denkbar ist auch, dass ein ganzes Team gecoacht wird. Angesichts der nicht unerheblichen Boreout-Folgekosten für ein Unternehmen ist zumindest eine ernsthafte Kosten/Nutzen-Abwägung in Betracht zu ziehen. Ein betrieblich gefördertes Coaching ist ein unterstützendes System, das den Betroffenen aber nicht aus seiner Eigenverantwortung entlassen kann.

Aber das ist nur die eine Seite der Medaille. Die andere ist die Verantwortung des Unternehmens für seine Mitarbeiter.

---

[80] o.V. (2015); Internet: https://coaches.xing.com/magazin/was-kostet-eigentlich-ein-coaching, abgerufen am
11.06.2017.
[81] Vgl. o.V. (2015); Internet: https://coaches.xing.com/magazin/was-kostet-eigentlich-ein-coaching, abgerufen
am 11.06.2017.

12 Ansätze für eine betriebliche Boreout-Prävention

12.1 Vertrauen ist gut… Ist Kontrolle besser?

Auch Unternehmen laufen Gefahr, sich mit Scheinlösungen zufrieden zu geben. Als eine solche Scheinlösung sehen Rothlin und Werder die Kontrolle. Sie ist zunächst einmal eine naheliegende Antwort eines Unternehmens auf die Boreout-Problematik; eine wirklich wirksame aber ist sie nicht. Ansätze für Kontrolle finden sich viele:[82]

- Anzahl privater Mails
- Inhalte privater Mails
- Internetverhalten des Arbeitnehmers
- Telefonrechnungen
- Im Drucker verbliebene private Kopien
- Häufigkeit und Dauer von Kaffeepausen
- Häufigkeit und Dauer von Raucherpausen
- Planung externer Termine (Sitzungsplanungsstrategie)

Die Wirksamkeit dieser durchaus nicht unüblichen Kontrollmaßnahmen ist kritisch zu sehen, denn sie betrachten Symptome, aber nicht die Wurzel des Übels. Stattdessen verfeinern sie lediglich die Methoden, die privaten Aktivitäten am Arbeitsplatz zu kaschieren. Ein einfaches Beispiel zeigt die Fragwürdigkeit von Kontrollen, die das Ziel haben das ‚Alternativangebot', nämlich die private Nutzung von sozialen Medien einzuschränken: Durch Abschalten blockiert ein Unternehmen die Facebook-Seiten auf seinen PCs. Der Arbeitnehmer nutzt nun stattdessen sein Smartphone, um die gleichen Seiten zu besuchen.

Außerdem erfordern Kontrollen auch Kontrolleure und in letzter Konsequenz sich auch nach einer fristlosen Kündigung auf langwierige Gerichtsverfahren einzulassen. Kontrolle ersetzt nicht den Dialog mit dem Arbeitnehmer und die selbstkritische Suche nach den Ursachen für dessen Fehlverhalten, das möglicherweise managementbegründet sein kann.[83] „Kontrolle und Denunziation führen nicht zu einem motivierenden Arbeitsklima, in dem Zuverlässigkeit,

---

82 Vgl. Rothlin, P. & Werder, P. R. (2014), S. 126.
83 Vgl. Rothlin, P. & Werder, P. R. (2014), S. 126f.

Effizienz, Kreativität und nicht zuletzt auch Spaß und Vertrauen gedeihen können."[84] Damit liegt der Schluss nahe, dass Kontrolle kein wirksames Mittel zu Boreout-Bekämpfung und Prävention ist.

Ein erfolgversprechenderer Ansatz findet sich bei Ina Riechert. Sie nennt auf der Basis von Studien drei Zugänge zur Vorbeugung psychischer Fehlbelastungen und psychischer Störungen: [85]

- Entwicklung einer Unternehmenskultur zur Förderung von Gesundheit und Wohlbefinden der Mitarbeiter
- Führungskultur, die sich an den Mitarbeitern orientiert
- Gefährdungsbeurteilung von psychischen Belastungsfaktoren am Arbeitsplatz

12.2 Unternehmenskultur

Was ist mit ‚Unternehmenskultur' ganz allgemein gemeint?

Der Begriff umfasst die „Grundgesamtheit gemeinsamer Werte, Normen und Einstellungen, welche die Entscheidungen, die Handlungen und das Verhalten der Organisationsmitglieder prägen."[86]

Die Unternehmenskultur beschreibt, wie Ziele erreicht werden sollen, aber auch den Umgang miteinander und auch das Gefühl der Mitarbeiter. Hieraus entwickelt sich die Identifikation der Mitarbeiter mit dem Unternehmen. Die Unternehmenskultur konkretisiert sich auch in der Kommunikation und dem Führungsverhalten im Unternehmen.

- „... wie Führung sich verhält,
- den Arbeitsalltag für die Mitarbeiter organisiert,
- welche Wertschätzung in Unternehmen herrscht,

---

84 Rothlin, P. & Werder, P. R. (2014), S. 128.

85 Vgl. Riechert, I. (2011), S. 172 ff.

86 Gabler Wirtschaftslexikon, Stichwort: Unternehmenskultur (o.J.); Internet: http://wirtschaftslexikon.gabler.de/Definition/unternehmenskultur.html#definition, abgerufen am 20.06.2017.

- welche Werte spürbar gelebt werden,

- an welchen Vorbildern sich die Mitarbeiter orientieren können,

- wer was wie vorlebt oder – mindestens ebenso wirkungsvoll – wer was unterlässt,

hat eben regelmäßig einen entscheidenden Einfluss darauf, wie sich „normale" Mitarbeiter über alle Hierarchiestufen hinweg verhalten und an welchen Normen sie sich orientieren."[87] Mit Blick auf den Boreout als Problem ist es keineswegs unerheblich, welche Kultur in einem Unternehmen herrscht. Hollmann und Hanebuth beschreiben einen Zusammenhang zwischen der psychischen Belastung –und eine solche ist der Boreout- und der Unternehmenskultur: „Gerade im Zusammenhang mit psychischen Belastungen ist die Organisationsstruktur im starken Maße mitentscheiden für den Erfolg von Maßnahmen. Sicherheit, Anerkennung der Leistungen, Selbstbestätigung, Zugehörigkeit, Möglichkeiten der Selbstentfaltung und Identitätsbildung sind prägende Faktoren des Arbeitsalltages. Ob sie fehlen oder nur unterentwickelt sind, ist häufig eine Frage der Unternehmenskultur und der Werte, die die Organisation prägen."[88]

Die Kultur eines Unternehmens muss berücksichtigen, dass „...das Streben nach Sinn Zuwendung und Anerkennung die primäre Triebkraft menschlichen Handelns [ist]"[89]. Hinzu kommt der Wunsch, gebraucht zu werden. Die Kommunikation und Plausibilisierung der Aufgabenstellung und deren Zielsetzung ist notwendig, um die Begeisterung der Mitarbeiter und deren Bindung an das Unternehmen zu erhalten. Arbeiten die Mitarbeiter dauerhaft ohne Engagement, oder sogar gegen ihre eigene Überzeugung, ist das ein Risiko für die Leistungsbereitschaft und auch ein Schritt auf dem Weg in den Boreout. Soll der mit Hilfe einer geeigneten Unternehmenskultur verhindert werden, ist das immer auch eine Frage nach dem praktizierten Führungsstil.

---

[87] Zelesniack, E. & Grolman, F. (o.J.); Internet:
https://organisationsberatung.net/unternehmenskultur-
kulturwandel-in-unternehmen-organisationen/, abgerufen am 20.06.2017.
[88] Hollmann, D. & Hanebuth, D. (2011), S. 85.
[89] Badura, B. & Walter, U. (2014), S.153f.

12.2.1 Führungsstile

Aus der Vielzahl vorhandener Führungsstile, sollen drei kurz vorgestellt werden, die eine hohe Relevanz bei der Vorbeugung gegen einen Boreout haben.

Der Partizipative Führungsstil

Hierbei handelt es sich um ein „Führungsverhalten, das wesentlich darauf beruht, dass der Führende die Unterstellten in die Führungsentscheidungen einbezieht."[90] Diese Art der Mitarbeiterführung und flache Hierarchien im Unternehmen sind geeignet, weil sie die Eigeninitiative der Mitarbeiter fördern und sie auch nach ihrem persönlichen Beitrag für den Erfolg des Unternehmens fragen lassen. Looks legt dar, dass es sich beim partizipativen Führungsstil „um eine geeignete Maßnahme gegen Boreout beziehungsweise der qualitativen Unterforderung handelt..."[91] Begründet wird dies damit, dass dieser Führungsstil in der Lage sei, die intrinsische Motivation der Mitarbeiter zu erhöhen.

Der transformationale Führungsstil

Bei diesem Führungsstil handelt es sich um ein Konzept, „...bei dem durch das Transformieren von Werten und Einstellungen der Geführten – hinweg von egoistischen, individuellen Zielen, in Richtung langfristiger, übergeordneter Ziele – eine Leistungssteigerung stattfinden soll."[92] Die Veränderung (Transformation) der Mitarbeiter ist das wesentliche Kennzeichen dieses Führungsstils. Es geht im Wesentlichen darum, durch Beeinflussung von Werten und Einstellungen die Motivation und die Leistungen der Mitarbeiter zu steigern. Seine Bemühungen zielen auf die intrinsische Motivation der Mitarbeiter. Hierzu werden attraktive Visionen vermittelt und ein gemeinsamer Weg zur Zielerreichung kommuniziert. Vorgesetzte treten als Vorbild auf und unterstützen die individuelle Entwicklung der Mitarbeiter. Dieses Führungsverhalten hat eine nachweislich positive Wirkung auf die Gesundheit der Mitarbeiter, deren Stresserleben und Wohlbefinden.[93]

---

[90] Vgl. Gabler Wirtschaftslexikon, Stichwort: Partizipative Führung (o.J.); Internet:
http://wirtschaftslexikon.gabler.de/Archiv/5997/senioritaetsprinzip-v11.html, abgerufen am 13.06.2017.

[91] Looks, L. (2012), S. 4.

[92] Wikipedia, Stichwort: Transformationale Führung(o.J.); Internet:
https://de.wikipedia.org/wiki/Transformationale_Führung), abgerufen am 14.06.2017.

[93] Vgl. Felfe, J. & Ducki, A. und Franke, F. (2014), S. 144.

Der kommunikative Führungsstil

In der einschlägigen Literatur taucht dieser Begriff selten auf und wird oft synonym mit einem kooperativen Leitungsstil verwendet. Mit „kommunikativ" sind hier nicht spontane ‚Tür- und Angelgespräche' gemeint, die haben auch ihren Wert und sind beziehungsstiftend. Notwendig ist ein bewusster und auch möglichst planvoller Umgang mit der Kommunikation mit den Mitarbeitern als konstitutives Merkmal mit einem positiven Einfluss auf die Unternehmenskultur. Regelmäßige Mitarbeitergespräche können hierzu einen wichtigen Beitrag leisten. Hollmann und Hanebuth fordern mehr Einsatz zu einer entsprechenden Veränderung der Unternehmenskultur. Guter Wille und ein Befragungsinstrument, das alle Belastung erfasse, reiche nicht aus.[94] Ein gelebter kommunikativer Führungsstil ist kein administratives, sondern ein personales Geschehen. Es braucht das vertrauensvolle Gespräch von Mensch zu Mensch. „Eine Gesprächskultur, die den Austausch über psychische Probleme, Schwächen und persönliche Sorgen unterstützt, kann zur Prävention beitragen."[95] Das Bemühen um den Einzelnen ist auch ein Ausdruck von Wertschätzung, der das soziale Klima im Unternehmen fördert und damit auch gesundheitsfördernd wirkt. Die Identifikation mit dem Unternehmen, die psychische Gesundheit, das Wohlbefinden und auch die Leistungsbereitschaft steigen.[96] Hierzu liegt die Initiative bei den Führungskräften. Sie „nehmen durch ihr Verhalten und ihre Kommunikation den Mitarbeitern gegenüber direkten Einfluss auf deren Gesundheit." [97]

12.2.2 Krankheit durch inkompetentes Führungsverhalten?

Nachfolgender Fragenkatalog basiert auf einer Studie, die Arbeitnehmer zum Zusammenhang von Führungsqualitäten von Führungskräften befragt hat. In dieser Studie wurde durch Befragungen von Mitarbeitern der Zusammenhang zwischen dem Führungsverhalten der Vorgesetzten und Herzerkrankungen bei Mitarbeitern erforscht. Die nachstehenden Fragen sind die Konsequenz eines

---

[94] Vgl. Hollmann & D., Hanebuth, D. (2011) in Fehlzeitenreport 2014, S. 85.

[95] Riechert, I. (2011), S. 188.

[96] Vgl. Riechert, I. (2011), S. 188.

[97] Felfe, J., Ducki, A. und Franke, F. (2014), S. 139.

Perspektivwechsels und sollen nun für Vorgesetzte eine einfache Selbstkontrolle sein, ob ihr Verhalten die Unternehmenskultur günstig beeinflusst.[98]

- Gebe ich meinem Mitarbeiter die Informationen, die er benötigt?
- Kann ich Veränderungen gut durchsetzen und umsetzen?
- Erkläre ich meinem Mitarbeiter Ziele und Teilziele für unsere Arbeit so, dass er versteht, was sie für seinen speziellen Aufgabenbereich genau bedeuten?
- Weiß mein Mitarbeiter genau, was ich von ihm erwarte?
- Zeige ich Interesse daran, wie mein Mitarbeiter Dinge wahrnimmt und wie er sich fühlt?
- Hat mein Mitarbeiter für seinen Verantwortungsbereich genügend Umsetzungskompetenz?
- Nehme ich mir Zeit für die berufliche Weiterentwicklung meines Mitarbeiters?
- Ermuntere ich meinen Mitarbeiter dazu, sich an der Planung seiner Arbeit zu beteiligen?
- Lobe ich meinen Mitarbeiter, wenn er etwas gut gemacht hat?
- Kritisiere ich meinen Mitarbeiter, wenn er etwas nicht gut gemacht hat?

Eine aufrichtige Beantwortung dieser Fragen kann unter Umständen schon zu einer Veränderung im Führungsverhalten eines Vorgesetzten führen. Der Fragenkatalog ist auf jeweils einen einzelnen konkreten Mitarbeiter hin zu nutzen, denn pauschale Antworten auf die Mitarbeiter allgemein, sind sicher nicht geeignet, um Boreout-Betroffene zu erkennen. Es sollte auch nicht bei einer einmaligen Selbstkontrolle bleiben, sondern ein wiederkehrender Turnus ist anzustreben, um eine Nachhaltigkeit der positiven Auswirkung auf die Unternehmenskultur zu gewährleisten.

12.2.3 Coaching des Unternehmens

Im Zusammenhang mit den individuellen Möglichkeiten zur Bearbeitung einer Boreout-Situation oder deren Prävention wurde das Coaching durch einen externen Anbieter bereits erörtert. Das Angebot eines Coachings richtet sich aber

---

[98] Vgl. Hollmann & D., Hanebuth, D. (2011) in Fehlzeitenreport 2014, S. 82.

auch an Unternehmen oder eine Organisation zur Verbesserung oder zum Erhalt der psychischen Gesundheit der Mitarbeiter. Hierzu unterbreitet Ulrike Rauwolf folgende Vorschläge:[99]

- „Klare Stellenbeschreibungen formulieren!

- Für eine angemessene Arbeitsauslastung sorgen!

- Die Arbeit im Team transparent und ausgewogen verteilen!

- Die Teamentwicklung fördern!

- Rückzugsmöglichkeit schaffen!

- Die Arbeit so einteilen, dass sie mit möglichst wenigen Unterbrechungen verrichtet werden kann!

- Persönliche Rückmeldung und strukturelle Anerkennung geben!

- Erfolgsmaßstäbe der Arbeit ersichtlich machen!

- Informationsmengen reduzieren!

- Abwechslung und Gestaltungsspielraum bieten!

- Offene Kommunikation auf den hierarchischen Ebenen ermöglichen!

- Qualifizierung und Weiterbildung fördern!

- Externe Reflexion der Arbeit durch Coaching und Supervision anbieten!“

Dieser Katalog enthält viele Punkte, die nicht kurzfristig umgesetzt werden können. Teamentwicklung beispielsweise ist immer ein längerer Prozess, ebenso wie ein attraktives Qualifizierungs- und Weiterbildungsangebot. Aber alle Vorschläge weisen in die richtige Richtung. Selbst wenn nur ein Teil davon realisiert werden kann, wird sich die Unternehmenskultur positiv verändern und dem Boreout wird Nährboden entzogen.

12.2.4 Achtsames Prozessmanagement

Unternehmen müssen, um erfolgreich zu sein oder zu werden ihre Prozesse in Produktion, Dienstleistung und Verwaltung ständig überprüfen und ihre Wirksamkeit evaluieren. Die individuellen Tätigkeiten der Mitarbeiter sind aufeinander abzustimmen, beispielsweise durch ein Qualitätsmanagementsystem mit den dazugehörenden Dokumentationen. Ronald Schnetzer bringt mit seinem

---

[99] Rauwolf, U. (2017); Internet: http://www.ent-wickeln.at/burnout/, abgerufen am 11.06.2017.

Ansatz des 'Achtsamen Prozessmanagements' einen neuen Begriff in die Diskussion um Work-Life-Balance und Burnout-Prävention. Standen bisher bei der Entwicklung der betriebsinternen Prozesse die Fragen im Vordergrund wer, wann, was, wie, wie oft und womit erledigt, so soll nun auch danach gefragt werden, ob es auch Freude und Sinn macht. Hier lassen sich problemlos die Fragen ergänzen, ob auch Langeweile und Desinteresse schon bei der Prozessgestaltung vermieden werden können. 'Achtsames Prozessmanagement' will die Work-Life-Balance aller Mitarbeitenden berücksichtigen. Schnetzer distanziert sich mit seinem Ansatz von traditionell meist rein gewinnorientiertem Prozessmanagement und der damit einhergehenden betrieblichen und menschlichen Konditionierung. Stattdessen will er befreien zu Selbsterkenntnis und Lebensvision. Angst und Sicherheitsdenken sollen keine bestimmenden Größen mehr sein. Dabei soll ein bewusster Umgang mit den Themen Work-Life-Balance, Burnout und Gemeinwohl angestrebt werden. Auch hier ließe sich ohne Probleme das Thema Boreout einfügen. Einen hohen Stellenwert genießt bei Schnetzer die Selbsterkenntnis. Durch sie entwickelte Prozesse und gestaltetes Umfeld unterstützten bei der Wahrnehmung der Eigenverantwortung für das eigene Leben. Die Konsequenz daraus seien ein zufriedeneres Leben und in den Prozessen mehr Identifikation und Motivation. Das führe zu höherer Kundenzufriedenheit und in der Folge zu mehr Unternehmenserfolgen.[100]

Schnetzer liefert mit dem ‚Achtsamen Prozessmanagement' einen ganzheitlichen Ansatz zur Prozessgestaltung in den Betrieben. Wenn auch die Darstellung dieses Ansatzes in dieser Arbeit grob vereinfachend und stark verkürzt ist, so wird doch deutlich, dass es ein neues Denken ist. Allerdings schwingen dabei philosophische, anthropologische und möglicherweise auch esoterische Elemente mit. Wie praxistauglich dieser Ansatz ist, wird die Zukunft zeigen.

Es gibt aber noch ein weiteres und konventionelles Element als Ausdruck von Sensibilität für die gesundheitlichen Belange aller Beschäftigten, durchaus auch als Teil einer Unternehmenskultur.

---

[100] Vgl. Schnetzer, R. (2014), S. 299.

12.3 Betriebliche Gesundheitsförderung

Eine ganz allgemeine Definition dessen, was unter 'Betrieblicher Gesundheitsförderung' verstanden werden kann, liefert das Bundesgesundheitsministerium selbst:

> „Sie umfasst alle gemeinsamen Maßnahmen von Unternehmerinnen und Unternehmern und ihren Beschäftigten zur Verbesserung von Gesundheit und Wohlbefinden am Arbeitsplatz. Die Krankenkassen unterstützen sie dabei. Gemeinsam mit der Belegschaft und den Verantwortlichen des Betriebes werden Vorschläge zur Verbesserung der gesundheitlichen Situation der Arbeitnehmerinnen und Arbeitnehmer erarbeitet. Die Krankenkassen wirken auch bei der Umsetzung von Maßnahmen mit. Dabei arbeiten sie eng mit den Unfallversicherungsträgern zusammen."[101]

Das Ministerium weist darauf hin, dass Förderung der psychischen Gesundheit und des Wohlbefindens am Arbeitsplatz eine wesentliche Bedeutung in der betrieblichen Gesundheitsförderung hat. Produktivität, Mobilität, Flexibilität zählten zu den Bedingungen unter den heute Beschäftigte ihrer Arbeit nachgingen. Aus Angst nicht mithalten zu können, stellten viele die Arbeit in den Mittelpunkt ihres Lebens.

Das führt zu seelischen Erkrankungen. Schätzungen dazu auf Ebene der Europäischen Union gehen von 50 Millionen Erkrankten aus, die von Depression, Erschöpfung und Sucht betroffen seien.[102] „Gesellschaftlich werden emotionale und seelische Nöte oft tabuisiert und Betroffenen als Schwäche ausgelegt. Diese fühlen sich dadurch unverstanden und ausgegrenzt, was sich negativ auf Präventions- und Heilungsmaßnahmen auswirkt."[103] Ohne, dass das Boreout-Syndrom hier explizit genannt wird, so passt es doch perfekt in den Kontext.

Die Sorge um die Gesundheit der Mitarbeiter im Betrieb ist nicht in die Beliebigkeit der Unternehmen gestellt, sondern hat eine gesetzliche Grundlage.

---

[101] Bundesministerium für Gesundheit (2016), S. 119.

[102] Vgl. Bundesministerium für Gesundheit (2016); Internet:
https://www.bundesgesundheitsministerium.de/themen/praevention/betriebliche-gesundheitsfoerderung/gesundheit-und-wohlbefinden-am-arbeitsplatz.html, abgerufen am 12.06.2017.

[103] Bundesministerium für Gesundheit (2016); Internet:
https://www.bundesgesundheitsministerium.de/themen/praevention/betriebliche-gesundheitsfoerderung/gesundheit-und-wohlbefinden-am-arbeitsplatz.html, abgerufen am 12.06.2017.

12.3.1 Das Arbeitsschutzgesetz

Ganz allgemein und für fast alle Berufsgruppen regelt das „Gesetz über die Durchführung von Maßnahmen des Arbeitsschutzes zur Verbesserung der Sicherheit und des Gesundheitsschutzes der Beschäftigten bei der Arbeit" (Arbeitsschutzgesetz - ArbSchG) den Schutz der Mitarbeiter am Arbeitsplatz. „Dieses Gesetz dient dazu, Sicherheit und Gesundheitsschutz der Beschäftigten bei der Arbeit durch Maßnahmen des Arbeitsschutzes zu sichern und zu verbessern." [104]

Der §3 dieses Gesetzes regelt die Grundpflichten des Arbeitgebers. Das Arbeitsschutzgesetz verpflichtet die Unternehmer auf die Sicherheit und Gesundheit ihrer Mitarbeiter Einfluss zu nehmen, die Wirksamkeit seiner Maßnahmen zu überprüfen und gegebenenfalls Anpassungen vorzunehmen.[105]

12.3.2 Gefährdungsbeurteilung bei psychischen Belastungen

Ein weiteres Mittel zur Boreout-Prophylaxe kann die Erstellung einer Gefährdungsbeurteilung bei psychischen Belastungen sein. Boreout ist eine psychische Belastung, auch wenn sie bislang selten ausdrücklich genannt wird. Antwort auf die Frage, was eine Psychische Belastung ist, gibt die DIN EN ISO 100075.1 (1a) auskunft: „Psychische Belastung ist die Gesamtheit aller erfassbaren Einflüsse, die von außen auf den Menschen zukommen und psychisch auf ihn einwirken."[106]

Im Zusammenhang mit der Suche nach Ansätzen für eine Boreout-Prophylaxe sollen nun die psychischen Einflüsse am Arbeitsplatz betrachtet werden, denn hier sind die primären Einflussmöglichkeiten der Unternehmen, insbesondere auf die Arbeitsbedingungen. Hierzu bietet sich folgende Systematisierung an:

1. Arbeitsaufgabe

Was, wieviel und in welcher Zeit soll gearbeitet werden?

Handelt es sich dabei um Aufgaben mit hoher Verantwortlichkeit?

Haben die zu erledigenden Aufgaben einen hohen Schwierigkeitsgrad?

---

[104] ArbSchG (1996), §1 Zielsetzung und Anwendungsbereich (1).
[105] Vgl. ArbSchG (1996), § 3 Grundpflichten des Arbeitgebers (1).
[106] Bundesministerium für Arbeit und Soziales (2010), S. 9.

Sind es immer wieder kehrende Routinetätigkeiten?

Boreoutgefährdung: Einfache routinemäßige Tätigkeiten mit geringem Pensum, großem Zeitbudget und mit geringer Verantwortlichkeit

2. Arbeitsmittel

Welche technischen Mittel stehen für die Arbeit zur Verfügung?

Werkzeuge, Maschinen, Computer?

Wie werden Informationen ein- und ausgegeben?

Wie ist die Mensch-Maschine-Schnittstelle beschaffen?

Boreoutgefährdung: Hoher Automatisierungsgrad, geringe Steuerungsmöglichkeiten durch den Mitarbeiter

3. Arbeitsumgebung

Welche physikalischen, chemischen und biologischen Gegebenheiten prägen die Arbeitsumgebung?

Wie ist der Arbeitsplatz ausgeleuchtet?

Wie ist die soziale Arbeitsumgebung? (Führungsverhalten, Betriebsklima)

Boreoutgefährdung: Inkompetente Vorgesetzte, schlechtes Betriebsklima

4. Arbeitsorganisation

Ist die Arbeitszeit geregelt?

Stimmen die Verfahrensabläufe?

Sind sie erfolgreich synchronisiert?

Wird angemessen auf Stoßzeiten und Flauten reagiert?

Boreoutgefährdung: Fehlende Informationen über die Prozesse, unflexible Reaktion auf unterschiedlichen Arbeitsanfall

5. Arbeitsplatz

Ist die Ausstattung des Arbeitsplatzes angemessen?

Sind die Platz und Sichtverhältnisse ausreichend?

Boreoutgefährdung: Langweilige oder unpraktische Ausstattung des Arbeitsplatzes. Keine motivierende oder ergonomisch sinnvolle Gestaltung. Keine Berücksichtigung persönlicher Belange

Die gennannten Einflüsse wirken auf einen Mitarbeiter ein, sicher nicht alle und in jedem Arbeitsfeld und auch nicht gleich intensiv. Viele davon sind objektiv feststellbar durch Messen, Zählen und vielleicht auch durch Fragebögen. Schwieriger feststellbar sind die Vorgänge in der Psyche des Mitarbeiters:

Psychische Vorgänge

- im Menschen sind all diejenigen, die z.B. mit Wahrnehmen, Denken, Erinnern, Erleben, Empfinden, Verhalten zu tun haben.

- können sowohl durch Einflüsse, die mehr aus geistigen Anforderungen (z.B. Arbeitsaufgaben mit emotionaler Belastung, Arbeitsabläufe mit Konzentrationserfordernis, Arbeitsmittel mit vielen gleichzeitigen Informationen) resultieren, als auch durch andere Einflüsse, wie das Wetter ausgelöst werden." [107]

Die Definition der Bundesanstalt für Arbeitsschutz und Arbeitsmedizin ist verständlicherweise sehr weit gefasst, aber auch für das Boreout-Syndrom als psychische Belastung passend. So könnte der erste Teil der Definition bei einem Boreout-Betroffenen beispielweise so aussehen: Er nimmt wahr, dass er unterfordert ist / er denkt, dass er vielmehr zu leisten vermag / er erinnert sich, dass er mit ganz anderen Vorstellungen in seinen Job gestartet ist / er empfindet seine Arbeit sinnlos / er verhält sich defensiv und Arbeitsplatzsichernd.

Der Begriff ‚Psychische Belastung' ist in unserem Zusammenhang in der Regel mit negativen Konsequenzen verbunden, aber er kann auch als ‚neutral' verwendet werden und sogar auch positive Auswirkungen haben. Von ‚Psychischer Belastung' ist die ‚Psychische Beanspruchung' zu differenzieren wie sie in der Definition DIN EN ISO 10075-1 beschrieben ist:

> „Psychische Beanspruchung ist die unmittelbare (nicht langfristige) Auswirkung der psychischen Belastung im Individuum in Abhängigkeit von seinen jeweiligen überdauernden und augenblicklichen Voraussetzungen, einschließlich der individuellen Bewältigungsstrategien." [108]

Nachfolgende Grafik kann das verdeutlichen:

---

[107] Bundesanstalt für Arbeitsschutz und Arbeitsmedizin (2010), S. 9.
[108] Bundesanstalt für Arbeitsschutz und Arbeitsmedizin (2010), S. 10.

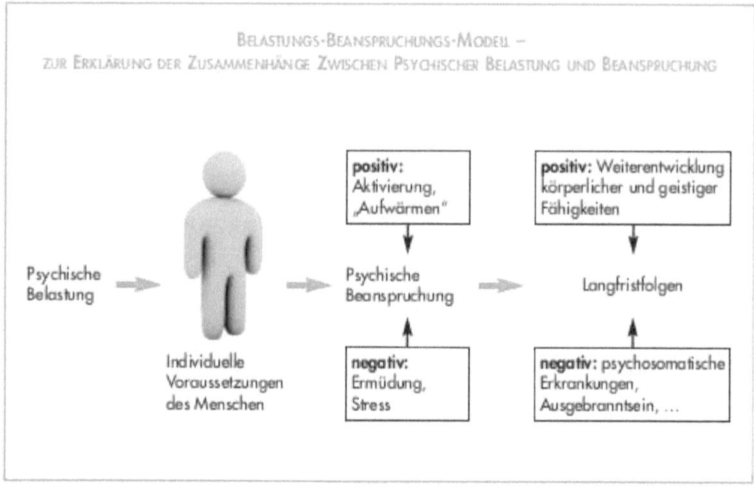

Abbildung 8: Belastungs-Beanspruchungs-Modell
Quelle: Arbeitsschutz Ohsas (2015); Internet: http://www.ohsas18001-arbeitsschutzmanagement.de/arbeitsschutzmanagement/gefaehrdungsbeurteilung/psychische_belastung/, abgerufen am 15.06.2017.

Wie unterschiedlich Mitarbeiter aufgrund ihrer individuellen Voraussetzungen auf eine kurzfristige psychische Beanspruchung reagieren können, kann an folgendem Beispiel sichtbar werden, bei dem ein Chef einen kleinen Zusatzauftrag erteilt:

- Frau A freut sich über die Abwechslung und arbeitet die Aufgabe sofort nebenbei ab.

- Herr B schimpft, führt den Auftrag dennoch aus und ärgert sich über die Mehrarbeit.

- Herr C macht seinen Termindruck wegen einer anderen Aufgabe geltend und der Chef beauftragt einen anderen Mitarbeiter. [109]

Wäre eine der drei Personen boreout-betroffen, so ist die Verhaltensvariante des Herrn C die wahrscheinlichste, denn er muss ja seine vermeintliche Überlastungssituation plausibel leben.

---

[109] Vgl. Bundesanstalt für Arbeitsschutz und Arbeitsmedizin (2010), S. 10.

12.4 Betriebliche Gesundheitsförderung in Klein- und Kleinstbetrieben

Bei den vielen bisher genannten Ansätzen ließe sich einwenden, dass etliche nur durch finanzkräftige Großbetriebe zu realisieren seien. Aber Betriebliche Gesundheitsförderung ist auch in Klein- und Kleinstbetrieben möglich und notwendig. Darauf weist der GKV-Spitzenverband in seiner Broschüre „Leifaden Prävention" (2014) hin.[110] Hier werden Betriebe mit weniger als 50 Mitarbeitern als Kleinbetriebe und mit weniger als 10 Mitarbeitern als Kleinstbetriebe bezeichnet. In ihnen arbeiten ca. 40% der Beschäftigten in Deutschland. Diese Betriebe unterscheiden sich von großen und größeren mittelständischen in ihrer Betriebsstruktur und ihren Arbeitsprozessen. Diese Unterschiede sind auch für die betriebliche Gesundheitsförderung von Bedeutung:[111]

- Geringere Arbeitsteiligkeit der Produktions- und Dienstleistungsprozesse
- Kürzere Kommunikations- und weniger formalisierte Entscheidungswege
- Häufig fehlende Belegschaftsvertretungen und Strukturen des Arbeitsschutzes
- Meist flachere Hierarchien und geringere soziale Distanz zwischen Führungskräften und Mitarbeiterschaft (insbesondere in eigentümergeführten Unternehmen)
- Damit verbunden geringere Distanz von Berufs- und Privatsphäre
- Größere Flexibilitätsanforderungen
- Mitarbeit ehemaliger Betriebsleiterinnen / Betriebsleiter bis ins hohe Alter

Im Blick auf die betriebliche Gesundheitsförderung sind diese Merkmale ambivalent. Hindernd können fehlende Mitbestimmungs- und Arbeitsschutzstrukturen sein. Fördernd dagegen können die flachen Hierarchien und die damit verbundenen kurzen Entscheidungswege sein. Dem Inhaber einer kleinen Firma kommt bei der Initiierung einer betrieblichen Gesundheitsförderung besondere Bedeutung zu, denn es wird wohl in den wenigsten Fällen eine hierfür speziell ausgebildete Person zur Verfügung stehen. Dem Inhaber kommen damit auch eine Vorbildfunktion und eine besondere Verantwortung zu.

---

[110] Vgl. GKV Spitzenverband (2014), S. 81.

[111] GKV Spitzenverband (2014), S. 81.

Vor einer Förderung der betrieblichen Gesundheit durch eine Krankenkasse beispielsweise, soll Eigeninitiative des Betriebes erkennbar sein. „Isolierte einmalige und primär von externen Akteurinnen und Akteuren getragene Aktivitäten der betrieblichen Gesundheitsförderung haben sich hinsichtlich einer dauerhaften Wirksamkeit demgegenüber –unabhängig von der Betriebsgröße- nicht bewährt."[112]

Bei Kleinstunternehmen ist die Erkrankung an Boreout schwer vorstellbar; es würde schnell auffallen, wenn jemand unterfordert, desinteressiert oder gelangweilt wirkt.

Bei kleinen und mittleren Betrieben jedoch besteht sehr wohl die Gefahr von Boreout. Hier bieten sich für die Gesundheitsförderung und Prävention überbetriebliche Kooperationen an. Es können brancheninterne Netzwerke gebildet werden. Hierbei können nicht nur die Krankenkassen, sondern auch die Branchenverbände, Innungen, Kreishandwerkerschaften und Industrie- und Handelskammer einen unterstützenden Beitrag leisten.[113]

---

[112] GKV Spitzenverband (2014), S. 81.
[113] Vgl. GKV Spitzenverband (2014), S. 82.

13 Kurzer Blick auf die Kritik am Boreout

Neben den vielen positiven Rezeptionen der Gedanken von Rothlin und Werder zum Boreout-Syndrom gibt es aber auch kritische Stimmen. Kurz nach der Erscheinung ihres ersten Buches im Jahre 2007 bezeichnet Prof. Beda Stadler, der Schweizer Biologe und ehemaliger Direktor des Instituts für Immunologie der Universität Bern, den Boreout als Schwindel. „Für ihn sind alle, die unter Boreout leiden schlichtweg faul, und seine ‚Heilmethode' besteht darin, diese Personen zu feuern."[114] Hierzu nehmen Rothlin und Werder in der 3. überarbeiteten Neuauflage ihres Buches in origineller Weise Stellung: „Nicht zuletzt danken wir unserem Lieblingsgegner, dem Immunbiologen Prof. Beda Stadler. Boreout ist zwar nicht sein Fachgebiet, dennoch hat er sich seit 2007 rührend Mühe gegeben unsere Theorie als Hoax[115] abzustempeln. Nur wer Gegner hat, wird ernst genommen, und dafür danken wir Beda Stadler von ganzem Herzen."[116]

Ein Jahr danach erklärt Daniel Hell, der damalige Direktor der Klinik für Affektive Erkrankungen und Allgemeinpsychiatrie an der Universität Zürich, dass man Lebensprobleme nicht gleich pathologisieren könne. Immerhin räumt er ein, dass Langeweile und Unterforderung ein Problem seien. Es sei vom Individuum und weiteren Umständen abhängig, ob Boreout zu Krankheit und Depression führe.[117]

G. Richter von der Bundesanstalt für Arbeitsschutz und Arbeitsmedizin bezweifelt die Verwendbarkeit des Begriffes ‚Boreout', weil der Begriff nicht wissenschaftlich bestätigt sei. Er schlägt vor, von ‚psychischer Unterforderung' zu sprechen. Außerdem sei es schwierig, zu differenzieren, ob es sich um eine Über- oder Unterforderung handele.[118]

Provokant fragt das Job- und Bewerbungsportal ‚Karrierebibel': „Könnte es nicht auch sein, dass Boreout nur der medienwirksame Entschuldigungsversuch von

---

[114] Stadler, Prof. B. in Kipfer, M. (2009), S.22.

[115] Anm. d. V.: Hoax (engl.): Schwindel, Falschmeldung, Scherz u.a.m.

[116] Rothlin, P. & Werder, P. R. (2014), S.169.

[117] Vgl. Hell, D. in Kipfer, M. (2009), S.22f.

[118] Vgl. Richter, G. in Kipfer, M. (2009), S.23.

chronischen Faulenzern und Jammerlappen ist?" und stellt fest, dass es als Massenphänomen nicht nachweisbar sei.[119]

Unbeschadet der Tatsache, dass die Kritik am Boreout bescheiden ausfällt, lässt sich dennoch Fragen, ob er unter anderen Begrifflichkeiten schon der in der Psychologie etabliert ist. Dieser Frage geht der Psychologe Markus Kipfer nach, indem er unter anderem ein Forschungsprojekt darstellt, das klären will, ob es Boreout tatsächlich gibt. Er kommt zu dem Schluss, dass Boreout existiert und es gebe in der Arbeitswelt ein Problem mehr.[120] Er sieht Boreout als „... eine sinnvolle Ergänzung zu bestehenden Konzepten zum Arbeitsleben ..."[121]. Es seien die größten Verdienste von Rothlin und Werder, verschiedene bereits bestehende Konzepte verknüpft und als Boreout zum Thema gemacht zu haben. Er weist darauf hin, dass Unterforderung, Desinteresse und Langeweile auch in anderen Forschungsgebieten eine Rolle spielen, teilweise begrifflich anders gefasst. Als Einflussfaktoren, die immer wieder auftauchen, nennt er:[122]

- die Tätigkeit selbst
- die Möglichkeit, etwas zu leisten
- die Möglichkeit, sich weiterzuentwickeln
- die Möglichkeit, Verantwortung zu übernehmen
- die Aufstiegsmöglichkeiten
- die Anerkennung
- Immer wiederkehrende Kontextfaktoren für Unzufriedenheit sind:
- die äußeren Arbeitsbedingungen
- die Beziehungen von Arbeitskollegen
- die Beziehung zu Vorgesetzten
- die Firmenpolitik und die Administration
- die Entlohnung inkl. Sozialleistungen
- die Krisensicherheit des Arbeitsplatzes

---

119 Vgl. o.V. (o.J.); Internet: http://karrierebibel.de/boreout; abgerufen am 06.07.2017.
120 Vgl. Kipfer, M. (2009), S.22.
121 Kipfer, M. (2009), S.79.
122 Vgl. Herzberg F. in Kipfer, M. (2009), S. 80.

Bei seiner Untersuchung differenziert Kipfer nach qualitativer und quantitativer Unterforderung und nimmt nicht für sich in Anspruch, dass sein Ergebnis repräsentativ sei. Zum gleichen Ergebnis kommt Gerlinde Tennhoff. Stichproben in Studien müssten breit gestreut werden und dies sei bei Kipfer nicht gegeben, 53 Fragebögen seien zu wenig und zu ungenau.[123] Das sieht Kipfer selbst auch so und bemerkt, dass seine Konzentration auf Kader, Management und Dienstleistung wohl etwas zu einseitig sei. Er weist in der Interpretation seiner Auswertung darauf hin, das Boreout für die qualitativ-quantitativ Unterforderten existiere und für die nicht qualitativ-quantitativ Unterforderten eben halt auch nicht.[124] Damit markiert er auch das Spannungsfeld zwischen Befürwortern und Kritikern an der Annahme eines Boreoutsyndroms. Zu Recht legt er sich auch nicht fest, wo bei seinen qualitativ-quantitativ Unterforderten die ‚Normalität‘ endet und der Boreout beginnt.

Wenn auch eine allgemeingültige oder gar krankenkassenanerkannte Definition von ‚Boreout‘ bislang fehlt, so sind doch die Beobachtung von Rothlin & Werder und anderen ernst zu nehmen. Zumal die negativen Folgen für die Unternehmen offensichtlich sind.

---

[123] Vgl. Tennhoff, G. (2015), S.22.
[124] Vgl. Kipfer, M. (2009), S.78.

14 Ausblick

Die Wissenschaft hat begonnen, sich mit dem Boreout-Syndrom zu beschäftigen. Je nach Fachrichtung geschieht dies aus der Perspektive der Psychologie, der Medizin, der Betriebswirtschaft oder auch der Soziologie. Für alle Betrachtungen ist problematisch, dass es keine einheitliche, praxisorientierte und allgemein anerkannte Definition gibt. Unabhängig davon könnte sich zukünftige Forschung mit folgenden Fragestellungen beschäftigen:[125]

- Welche Mechanismen und Vorgeschichten liegen dem Boreout zugrunde?

- Welche Rollen spielen Alter, Geschlecht, Beziehungsstatus und Gesundheit?

- Wie wird am Arbeitsplatz kommuniziert?

- Gibt es mehr Boreoutbetroffene in Schreibtischberufen oder in der Produktion?

- Gibt es regionale Unterschiede (Stadt/Land-Gefälle)?

- Gibt es Unterschiede in den sozialen Schichten?

- Wie gestaltet sich der internationale Vergleich?

- Ist die Anwendung von Verhaltensstrategien objektiv feststellbar?

- Ist das Boreout als Syndrom diagnosefähig?

- Sind interdisziplinäre Forschungen denkbar?

- Wie kann der Nutzen präventiver Maßnahmen evaluiert werden?

- Warum ist der Anteil der 30- bis 34-Jährigen bei den psychisch Erkrankten signifikant hoch?

Bislang fehlen Langzeitstudien, die sich mit der Entwicklung des Boreout befassen und auch die Wirksamkeit von Präventionsmaßnahmen überprüfen. Darüber hinaus ist zu klären, ob es einen Zusammenhang zwischen Hochbegabung und Boreout gibt. Als gemeinsames Ziel aller wissenschaftlichen Bemühungen sollte die Erstellung eines umfassenden, empirisch geprüften Modells zum Boreout sein.[126]

---

[125] Vgl. Tennhoff, G. (2015), S.22f.
[126] Vgl. Kipfer, M. (2009), S.80f.

15 Fazit

Zwar fehlt bislang eine Anerkennung des Boreout als diagnosefähiges Krankheitsbild, aber an dem krankmachenden Syndrom an sich gibt es kaum Zweifel, ebensowenig wie an den immensen Schäden für die Unternehmen. Es fehlt auch ein ernstzunehmender Nachweis dafür, dass es keinen Boreout gibt. Kritik gibt es nur vereinzelt und sie ist oberflächlich. Rothlin und Werder, Prammer, Kipfer, Tennhoff, Schnetzer und viele andere mehr liefern ausreichend Nachweise dafür, dass das Boreout-Syndrom real existiert. Es kann sich zu einer schweren psychischen Erkrankung entwickeln und sollte schon deshalb ernst genommen werden. Boreout ist aber kein unentrinnbares Schicksal, sondern eine Herausforderung zum Gegensteuern. Für den Betroffenen führt kein Weg vorbei an der Wahrnehmung seiner Eigenverantwortung für eine nachhaltige Veränderung seiner misslichen Lage. Mut zur offenen Kommunikation ist hilfreich. Die Unternehmen, auch kleine und mittlere, sind gut beraten, wenn sie bei der Entwicklung ihrer Unternehmenskultur auch Sensibilität für Boreout entwickeln. Auch für Unternehmen ist Mut gefragt, um falls nötig, eingetretene Pfade in der Mitarbeiterführung zu verlassen. In der Auswahl von Führungskräften sollte neben deren fachlicher Qualität auch deren soziale und kommunikative Kompetenz eine Rolle spielen. Boreout ist ein Thema, das viele Betriebe noch nicht erreicht hat. Ansätze zur Prävention gibt es viele. Ihre Weiterentwicklung und die Evaluierung ihrer Wirksamkeit ist die Aufgabe künftiger Forschungen.

Literaturverzeichnis

Buchquellen:

ArbSchG (1996): Gesetz über die Durchführung von Maßnahmen des Arbeitsschutzes zur Verbesserung der Sicherheit und des Gesundheitsschutzes der Beschäftigten bei der Arbeit (Arbeitsschutzgesetz - ArbSchG), Berlin, 1996.

Badura, B. & Walter, U. (2014): Führungskultur auf dem Prüfstand in Badura, B., Ducki, A., Schröder, H., Klose, J. & Meyer, M. (Hrsg), Fehlzeiten-Report 2014, Berlin, Springer, 2014.

Beimrohr, I. (1995): Burnout - Analyse der Arbeitsbedingungen auf einer psychiatrischen

Aufnahmestation unter Berücksichtigung organisationspsychologischer Aspekte am

Beispiel der Aufnahmestation Süd des Landeskrankenhauses Gugging, Diplomarbeit, Wien, 1995.

Bergmann, Frithjof (2004): Neue Arbeit, neue Kultur, Freiamt im Schwarzwald, Arbor, 2004.

Bundesanstalt für Arbeitsschutz und Arbeitsmedizin (2010): Psychische Belastung und Beanspruchung im Berufsleben: Erkennen – Gestalten, 5. Auflage, Dortmund, DruckVerlag Kettler GmbH, 2010.

Bundesministerium für Arbeit und Soziales (BMAS) (2010): Sicherheit und Gesundheit bei der Arbeit 2010, Unfallverhütungsbericht Arbeit, Berlin, Bonifatius GmbH, 2010.

Bundesministerium für Gesundheit (2016): Ratgeber zur Prävention und Gesundheitsförderung, 9. aktualisierte Auflage, Berlin, 2016.

Burisch, M. (2006): Das Burnout Syndrom, 3. Auflage, Heidelberg, Springer Medizin Verlag, 2006.

Cürten, S. (2013): Boreout-Syndrom und Coaching, Organisationsberatung, Supervision, Coaching 20, Heidelberg, Carl-Auer Verlag, 2013.

Deutsche Rentenversicherung Bund (2014): Positionspapier der Deutschen Rentenversicherung zur Bedeutung psychischer Erkrankungen in der Rehabilitation und bei Erwerbsminderung, Berlin 2014.

Felfe, J., Ducki, A. und Franke, F. (2014): Führungskompetenzen der Zukunft in Badura, B., Ducki, A., Schröder, H., Klose, J. und Meyer, M. (Hrsg), Fehlzeiten-Report 2014, Berlin, Springer, 2014.

GKV Spitzenverband (2014): Qualität – verbessern, sichern, veröffentlichen, Geschäftsbericht, Berlin, Pinguin Druck GmbH, 2014.

Handke, U. (1997): Der Mutmacher, Ratgeber für den pädagogischen Berufseinstieg, Berlin, Cornelsen, 1997.

Hilb, M. (1992): Innere Kündigung. Ursachen und Lösungsansätze. Referate einer Tagung, Zürich, Verlag Industrielle Organisation Zürich, 1992.

Hollmann, D. & Hanebuth, D. (2011) in Burnout-Prävention bei Managern – Romantik oder Realität im Unternehmen? Fehlzeiten-Report 2014, Berlin, Springer, 2014.

Kipfer, M. (2009): Boreout – Ein neues Konzept oder längst in der Psychologie etabliert?, Saarbrücken, VDM Verlag Dr. Müller, 2009.

Knauder, H. (2005): Burn-Out im Lehrberuf. Verlorene Hoffnung und wiedergewonnener Mut, 2. Auflage, Graz, Leykam, 2005.

Knieps, F. & Pfaff, H. (2016): BKK Gesundheitsreport 2016, Berlin, BKK Dachverband e.V., 2016.

Luck, C. v. (1995): Innere Kündigung in Beziehungen. Vom allmählichen Rückzug in sich selbst, Frankfurt am Main, Krüger, 1995.

Ludin, S. C., Paul, H. und Christensen, J. (2013): Fisch! Noch mehr Fish! Für immer Fish! Dreimal ungewöhnliche Motivationen in einem Band, München Redline, 2013.

Look, L. (2012): Partizipative Führung als Maßnahme gegen Boreout. Bachelorarbeit, Leuphana Universität Lüneburg, Berlin, Grin, 2012.

Obrecht, A. J. (2003): Zeitreichtum – Zeitarmut. Von der Ordnung der Sterblichkeit zum

Mythos der Machbarkeit, Brandes & Apsel, 1. Auflage, Frankfurt/Main, 2003.

Pines, A. M., Aronson, E. und Kafry, D. (2000): Ausgebrannt. Vom Überdruss zur Selbstentfaltung, 9. Auflage, Stuttgart, Klett-Cotta, 2000.

Prammer, E. (2013): Boreout - Biografien der Unterforderung und Langeweile, Wiesbaden, Springer Fachmedien, 2013.

Riechert, I. (2011): Psychische Störungen bei Mitarbeitern. Ein Leitfaden für Führungskräfte und Personalverantwortliche – von der Prävention bis zur Wiedereingliederung, Berlin, Springer, 2011.

Rothlin, P. & Werder, P.R. (2014): Unterfordert, Diagnose Boreout – wenn Langeweile krank macht, 3. überarbeitete Neuauflage, München, Redline Verlag, 2014.

Schmiedel, V. (2010): Burnout – Wenn Arbeit, Alltag & Familie erschöpfen, 1. Auflage, Stuttgart, Trias, 2010.

Schnetzer, R. (2014): Achtsames Prozessmanagment. Work-Life-Balance und Bunout-Prävention für Unternehmen und Mitarbeiter, Wiesbaden, Springer Gabler, 2014.

Schulenburg, N. (2016): Führung einer neuen Generation, Wiesbaden, Springer, Fachmedien 2016.

Stadler, B. (2007): Der Boreout Hoax, Zürich, Neue Züricher Zeitung, 2007.

Tennhoff, G. (2015): Boreout im Unternehmen. Entstehungsbedingungen, Ursachen, Möglichkeiten zur Prävention, Grin, Norderstedt, 2015.

Warwitz, S. & Rudolf, A. (2016): Der Mensch braucht das Spielen. In. Dies.: Vom Sinn des Spielens. Reflexionen und Spielideen, 4. Auflage, Schneider, Baltmannsweiler, 2016.

Internetquellen:

Bundesministerium für Gesundheit (2016); Internet: https://www.bundesgesundheitsministerium.de/themen/praevention/b etriebliche-gesundheitsfoerderung/gesundheit-und-wohlbefinden-am-arbeitsplatz.html, abgerufen am 12.06.2017.

Burisch, M. (2017); Internet: https://portal.hogrefe.com/dorsch/burn-out-1/, abgerufen am 30.05.2017.

Gabler Wirtschaftslexikon, Stichwort: Entrepreneurship (o.J.); Internet: http://wirtschaftslexikon.gabler.de/Archiv/5997/senioritaetsprinzip-v11.html, abgerufen am 06.06.2017.

Gabler Wirtschaftslexikon, Stichwort: Partizipative Führung (o.J.); Internet: http://wirtschaftslexikon.gabler.de/Archiv/5997/senioritaetsprinzip-v11.html, abgerufen am 13.06.2017.

Gabler Wirtschaftslexikon, Stichwort: Senioritätsprinzip (o.J.); Internet: http://wirtschaftslexikon.gabler.de/Archiv/5997/senioritaetsprinzip-v11.html, abgerufen am 03.06.2017.

Gabler Wirtschaftslexikon, Stichwort: Unternehmenskultur (o.J.); Internet:

http://wirtschaftslexikon.gabler.de/Definition/unternehmenskultur.html#defi nition, abgerufen am 20.06.2017.

Merkle. W. (2017); Internet: https://www.xing.com/news/klartext/bore-out-darf-nicht-langer-belachelt-werden-566, abgerufen am 05.06.2017.

o.V. (o.J.); Internet: http://karrierebibel.de/work-life-balance/; abgerufen am 10.06.2017.

o.V. (o.J.); Internet: http://psyga.info/pychische-gesundheit/daten-und-fakten/; abgerufen am 10.06.2017.

o.V. (2015); Internet: https://coaches.xing.com/magazin/was-kostet-eigentlich-ein-coaching, abgerufen am 11.06.2017.

Pschyrembel, Stichwort: Burnout-Syndrom (o.J.); Internet:

https://www.pschyrembel.de/Burnout-Syndrom/K04A7/doc/, abgerufen am 30.05.2017.

Rauwolf, U. (2017); Internet: http://www.ent-wickeln.at/burnout/, abgerufen am 11.06.2017.

Wikipedia, Stichwort: Chamäleon (o.J.); Internet:

https://de.wikipedia.org/wiki/Cham%C3%A4leons, abgerufen am 30.05.2017.

Wikipedia, Stichwort: Sinn des Lebens (o.J.); Internet: https://de.wikipedia.org/wiki/Sinn_des_Lebens, abgerufen am 06.06.2017.

Wikipedia, Stichwort: Transformationale Führung (o.J.); Internet:

https://de.wikipedia.org/wiki/Transformationale_Führung), abgerufen am 14.06.2017.

Winkler, B. (2014); Internet: http://www.zukunft-ist-thema.at/themen/gesellschaft/beitrag/von-generation-z-millenials-und-babyboomern-dem-generationenwandel-auf-der-spur.html, Salzburg 2014, abgerufen am 12.02.2016.

Zelesniack, E. & Grolman, F. (o.J.); Internet: https://organisationsberatung.net/unternehmenskultur-kulturwandel-in-unternehmen-organisationen/, abgerufen am 20.06.2017.